1등 스페인어 단어장

OLD STAIRS

"물고기들이 미끼만 쏙 빼먹고 도망갔네!"

어릴 적, 물가에 놀러 간 저는 아빠와 삼촌의 대화를 엿듣고 있었습니다. 그 당시 저는 아직 '미끼'라는 말이 무슨 뜻인지 몰랐죠. 하지만 '물고기'라는 말은 알았습니다. 그 덕분에 '미끼'라는 단어를 힘들이지 않고 순식간에 습득할 수 있었죠. 중요한 것은, 이 일화 속에 우리가 단어를 배우는 메커니즘이 담겨 있다는 사실입니다.

"가방이 pesada해! 뭐가 이렇게 많이 들어있어?"

이 책의 암기 방식이 가진 유사한 메커니즘이 보이시나요? 책 속의 대사는 일부 단어들이 스페인어로 바뀌어 있습니다. 그래서 우리는 먼저 잘 아는 한국어로 문맥을 파악한 뒤, 몰랐던 단어의 뜻을 자연스럽게 유추하고, 마지막으로 내가 유추한 뜻이 맞는지 확인하는 세 단계를 거치게 됩니다. 단어를 하나씩 떼어 놓고 달달 외우는 것과는 근본부터 다른 방식입니다.

이런 방식이 정말 효과적이냐고요? 그렇다면 실제 스페인 사람들이 단어를 어떻게 외웠을지 한번 상상해 보세요. 사실 그들도 우리와 똑같다는 사실을 깨닫게 될 겁니다. 우리가 어디 한국어 단어를 하나부터 열까지 달달 외웠던가요? 우리 역시 주어진 상황 속에 새로운 단어를 배치해 가면서, 어려운 단어까지 자연스럽게 흡수해왔던 것입니다. 저희가 '퀴즈 암기법'이라 부르는 이 방식은 스페인어가 모어(母語)가 아니더라도 따라 할 수 있는 최적의 학습법입니다.

또한, 만화 속에 주어진 상황에 자신을 이입하면서 스페인어 단어들을 머릿속에 있는 경험의 영역으로 보내게 됩니다. 이러한 과정을 통해 단어의 의미와 용법을 한 번에 파악하게 되면 적은 노력으로도 오랫동안 기억할 수 있습니다. 이제 부담 없이 책을 펼쳐보세요. 어느새 1,400개의 단어를 자신의 것으로 만들게 될 테니까요.

이 책을 보는 법

1 문장 속 단어를 보고
뜻을 유추하고...!

으악, 왜 이렇게
espera 줄이 길어!
이러다가 **avión**에
못 타는 거 아냐?

2 답을 확인하면
머릿속에 쏙쏙!!

명**espera** : 대기
에쓰뻬라

명**bolsa** : 손가방
볼싸

명**avión** : 비행기
아비온

명**casa** : 집 (house)
까싸

자, 그럼 떠나볼까?

차례

00 알파벳과 발음

영어와 비슷한 **발음**, 영어와 다른 **발음**

스페인어의 알파벳은 'el alfabeto' [엘 알파'베또] 혹은 'el abecedario' [엘 아베쎄다리오]라고 부릅니다.
모두 27개의 글자로 구성되어 있습니다.

A 아
Amigo
[아미고]
: 친구

B 베
Bicicleta
[비씨끌레따]
: 자전거

C 쎄
Cereza
[쎄레싸]
: 체리

D 데
Dado
[다도]
: 주사위

E 에
Elefante
[엘레판f떼]
: 코끼리

F 에페f에
Flor
[플f로르]
: 꽃

G 헤
Egipto
[에힙또]
: 이집트

H 아체
Horno
[오르노]
: 오븐

I 이
Inglaterra
[인글라떼ㄹ~아]
: 영국

J 호따
Jalapeño
[할라뻰뇨]
: 할라피뇨

K 까
Kiwi
[끼위]
: 키위

L 엘레
Luna
[울루나]
: 달

M 에메
Música
[무씨까]
: 음악

N 에네
Nombre
[놈브레]
: 이름

Ñ 엔녜
Piña
[삔냐]
: 파인애플

O 오
Oso
[오쏘]
: 곰

P 뻬
Pepino
[뻬삐노]
: 오이

Q 꾸
Queso
[께쏘]
: 치즈

R 에ㄹ~에
Romero
[ㄹ~오메오]
: 로즈메리

S 에쎄
Sangría
[쌍그리아]
: 상그리아

T 떼
Tango
[땅고]
: 탱고

U 우
Universidad
[우니베르씨닫]
: 대학교

V 우베
Verbo
[베르보]
: 동사

W 우베도블레
Whisky
[위쓰끼]
: 위스키

X 에끼쓰
Examen
[엑싸멘]
: 시험

Y 예(이그리예가)
Yo
[요]
: 나

Z 쎄따
Zapato
[싸빠또]
: 신발

항상 **일정한 발음**의 **단모음**들

스페인어는 영어와 마찬가지로 5개의 모음을 가지고 있습니다. 하지만 영어와 달리, 스페인어의 모음은 발음이 바뀌지 않습니다. 단어의 어느 위치에서나 음의 변화 없이 '아, 에, 이, 오, 우' 로 발음하므로 발음기호가 없습니다.

A a [아] Amigo
[아미고] : 친구

O o [오] Oso
[오쏘] : 곰

E e [에] Elefante
[엘레판f떼] : 코끼리

U u [우] Universidad
[우니베르씨닫] : 대학교

I i [이] Inglaterra
[잉글라떼ㄹ~아] : 영국

영어보다 **된 발음**의 자음들

C c Caramelo
[까라멜로] : 사탕
Gracias
[그라씨아쓰] : 감사합니다
ㄲ c / ㅆ c Cebolla
[쎄보야] : 양파

S s Sol
[쏠] : 해(sun)
Sangría
[쌍그리아] : 상그리아
ㅆ s Adiós
[아디오쓰] : 안녕

K k Kiwi
[끼위] : 키위
Kilo
[낄로] : 킬로
ㄲ k Vodka
[보드까] : 보드카

T t Té
[떼] : 차
Tenedor
[떼네도르] : 포크
ㄸ t Tango
[땅고] : 탱고

P p Pájaro
[빠하로] : 새
Pepino
[뻬삐노] : 오이
ㅃ p Jalapeño
[할라뻰뇨] : 할라피뇨

Z z Zapato
[싸빠또] : 신발
Zumo
[쑤모] : 주스
ㅆ z Plaza
[플라싸] : 광장

Q q Queso
[께쏘] : 치즈
Parque
[빠르께] : 공원
Quesadilla
[께싸디야] : 퀘사디아
ㄲ k

영어와 **다른 발음**의 **자음들**

'Ñ'는 우리말의 **'늬'** 처럼 발음하고, 영어의 NY처럼 발음합니다.
'Ñ'는 스페인어에만 존재하는 독특한 알파벳입니다.

Ñ ñ Eñe 엔네	Español [에쓰빤뇰] : 스페인 사람	Señorita [쎈뇨리따] : 아가씨	Uña [운냐] : 손톱	Montaña [몬딴냐] : 산

특수기호 중에는 자주 사용되지는 않지만 Ü도 있습니다. U 위에 점을 두 개 찍은 모양이죠?
이 경우 '우' 발음을 꼭 하고 지나가라는 뜻인데, 사용되는 단어가 많지 않습니다. (ex. Cigüeña '씨구에냐' : 황새)

스페인에서의 **'R'** 은 **'ㄹ'**를 여러 번 빠르게 반복하듯이 혀를 떨어서 발음합니다.
'RR'은 **'R'** 보다 조금 더 길게 발음하시면 됩니다.

R r Erre 에ㄹ~에	Perro [뻬ㄹ~오] : 개	Burrito [부ㄹ~이또] : 부리또	Ratón [ㄹ~아똔] : 쥐	Romero [ㄹ~오메로] : 로즈메리

'L'가 하나 있으면 영어의 **'L'**과 비슷하게 발음합니다. 하지만 **'LL'**는 **'Y'** 혹은 **'I'** 처럼 발음합니다.
LL는 과거에 스페인어 알파벳 중 하나였지만, 현재는 제외되었습니다.

L l Ele 엘레	Paella [빠에야] : 빠에야	Quesadilla [께싸디야] : 퀘사디아	Llave [야베] : 열쇠	Silla [씨야] : 의자

'J'는 영어와는 다르게 **'ㅎ'**으로 발음합니다.

J j Jota 호따	Jalapeño [할라뻬뇨] : 할라피뇨	Jueves [후에베쓰] : 목요일	Jabón [하본] : 비누	Oveja [오베하] : 양

'H'는 항상 발음하지 않습니다.

H h Hache 아체	Horno [오르노] : 오븐	Hielo [이엘로] : 얼음	Hospital [오스삐딸] : 병원	Huevo [우에보] : 계란

특수한 형태의 **발음**

'**G**'는 때로는 '**ㄱ**'으로, 때로는 '**ㅎ**'으로 발음합니다.

Gg

Ge
헤

G+자음
'**G**'이후에 자음이 나오면
그로 발음합니다.

Grasa

[그라싸] : 기름, 지방

G+E
'**G**'와 '**E**'가 결합되면
헤 발음이 납니다.

Ángel

[앙헬] : 천사

G+I
'**G**'와 '**I**'가 결합되면
히 발음이 납니다.

Girasol

[히라쏠] : 해바라기

G+UI
'**G**'와 '**UI**'가 결합되면
기 발음이 납니다.

Guitarra

[기따ㄹ~아] : 기타

G+UE
'**G**'와 '**UE**'가 결합되면
게 발음이 납니다.

Hamburguesa

[암부르게사] : 햄버거

'**C**'는 때로는 '**ㄲ**'으로, 때로는 '**ㅆ**' 으로 발음합니다.

Cc

Ce
쎄

C+A
'**C**'와 '**A**'가 결합되면
까로 발음합니다.

Caramelo

[까라멜로] : 사탕

C+I
'**C**'와 '**I**'가 결합되면
씨로 발음합니다.

Cisne

[씨쓰네] : 백조

C+E
'**C**'와 '**E**'가 결합되면
쎄 발음이 납니다.

Cereza

[쎄레싸] : 체리

C+U
'**C**'와 '**U**'가 결합되면
꾸 발음이 납니다.

Cuchara

[꾸차라] : 숟가락

C+O
'**C**'와 '**O**'가 결합되면
꼬 발음이 납니다.

Coco

[꼬꼬] : 코코넛

1장

설레기 마련
출발은 언제나

명 **junto** : 함께
훈또

명 **espera** : 대기
에쓰뻬라

명 **avión** : 비행기
아비온

명 **pasaporte** : 여권
빠싸뽀르떼

명 **mochila** : 배낭
모칠라

명 **bolsa** : 손가방
볼싸

명 **casa** : 집 (house)
까싸

내가 알아! 어제 형이 수건에다 감싸서 맨 밑에 넣어놨잖아!

아, 맞다! 그랬었지! 잠깐만...

휙

휙

좋았어! **encontrarse** 했다! 휴, **perder** 할까 봐 깊숙이 숨겨둔 걸 깜빡했네.

......

덕분에 살았다.

별말씀을!

다행이네.

하마터면 **tú**의 인생도 깜빡할 뻔했으니까.

무슨 말을 그렇게 차갑게 하니...

응? 그런데 너 **maleta**에 손수건은 왜 묶어놨어?

아~ 이게?

나중에 짐 찾을 때 다른 사람 짐이랑 헷갈릴 수도 있거든.

그래서 알아보기 쉽게 **marca** 해놓은 거야.

찾았다!

아하, 그거 좋은 아이디어인데?

yo도 지금 해야겠다. 음... **pañuelo**가 어디 있더라.

여권 찾느라 다 섞였네.

여기 있어!

명 encontrarse : 찾다, 만나다
엔꼰뜨라르쎄

명 perder : 잃다
뻬르데르

대 tú : 너
뚜

명 maleta : 캐리어 가방
말레따

명 marca : 표시
마르까

대 yo : 나
요

명 pañuelo : 손수건
빠뉴엘로

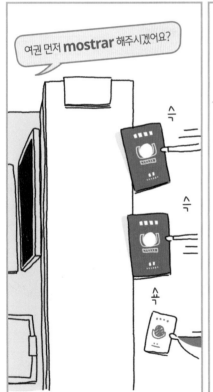

명 **nosotros** ♂ **nosotras** ♀ : 우리
노쓰뜨로쓰 / 노쓰뜨라쓰

표 **Buenos días.** 안녕하세요. [오전]
부에노쓰 디아쓰.

동 **mostrar** : 보여주다
모쓰뜨라르

명 **equipaje** : 수하물
에끼빠헤

동 **esperar** : 기다리다, 기대하다
에쓰뻬라르

수속 완료되었습니다.

너희 뭐하니?

아, 알았어! 안 까불게!

어? 벌써 끝났네?

GATE K9

← 10 9 8 →

출국장 들어가셔서 여기 적힌 9번 **puerta**로 가시면 됩니다.

그럼 안전하고 편안한 **vuelo** 되십시오~

¡Adiós! ~

감사합니다~

빨리빨리 줄어든 이유가 있었네. 저 항공사 직원 베테랑인가 봐.

응, 마치 로봇 같았어!

네, 다음 고객님!

애네 어떡하지...?

야야, 거기는 딱 봐도 입국하는 사람들 전용 **salida**잖아. 이쪽으로 와. 저기 들어가서 검색대 **pasar** 해야 해.

그런데, 출국장으로 들어가는 **entrada**가 어디지? 저쪽인가?

그런 것 같아. 사람들이 많이 모여있네! 가자!

A

몡 **puerta** : 게이트, 문 뿌에르따	몡 **vuelo** : 비행 부엘로	뀸 **¡Adiós!** : 안녕히 계세요. ¡아디오씨	몡 **entrada** : 입구 엔뜨라다

| 몡 **salida** : 출구, 출발 쌀리다 | 통 **pasar** : 통과하다 빠싸르 | | |

동 **tener** : 가지고 있다	명 **broma** : 농담	대 **yo** : 나	명 **medicamento** : 약
떼네르	브로마	요	메디까멘또

명 **sal** : 소금	동 **entrar** : 들어가다
쌀	엔뜨라르

명 tienda libre de impuestos : 면세점
띠엔다 울리브레 데 임뿌에쓰또쓰

명 tiempo : 시간
띠엠뽀

명 merienda : 간식
메리엔다

명 comida de avión : 기내식
꼬미다 데 아비온

명 aeropuerto : 공항
아에로뿌에르또

부 tarde : 늦게
따르데

동 venir : 오다
베니르

대 nosotros ♂ nosotras ♀ : 우리
노쏘뜨로쓰 / 노쏘뜨라쓰

그보다, 미안한데 나 잠깐 **baño**에 좀 갔다 와도 되지? 아까부터 계속 참고 있었거든.

어휴, 이 짐 덩어리. 알았으니까 빨리 갔다 와.

넌 **aquí**에서 얘랑 기다리고 있어.

라져 댓!!

…… 맛있니?

맛있지, 그럼!!

후다닥

우걱 우걱

tú는 아무 생각 없이 살아서 좋겠다.

너보단 많을걸?

그런데 네 형님은 왜 이렇게 안 나오니?

원래 오래 걸려! 쟤 과민성이라서 하루에도 수십 번…

쉿!! 잠깐… 이 안내 방송…

…편으로 탑승하는 **pasajero** 여러분께서는 서둘러 9번 게이트로…

이런, 역시! 야, 지금 방송 **escuchar** 했어? 빨리 끊고 나와!

…안 들리나? 네가 들어가서 말해봐, 빨리!!

내가 왜 너의 말을 들어야 해?

이 녀석… 이제 보니 귀엽지 않아.

閨 **baño** : 화장실, 욕실
바뇨

閨 **aquí** : 여기
아끼

閨 **tú** : 너
뚜

閨 **pasajero** : 승객
빠싸헤로

閨 **escuchar** : 듣다 (listen)
에스꾸차르

🅜 **qué número** : 몇 번
께 누메로

🅥 **correr** : 달리다
꼬르~에르

🅜 **mañana** : 아침, 내일
마냐나

🅜 **asiento** : 좌석
아씨엔또

명 asiento de ventana : 창가 석
아씨엔또 데 벤따나

통 ver : 보다
베르

대 vosotros ♂ vosotras ♀ : 너희
보쏘뜨로쓰 / 보쏘뜨라쓰

명 asiento de pasillo : 복도 석
아씨엔또 데 빠씨요

접 porque : 왜냐하면
뽀르께

통 sentarse : 앉다
쎈따르쎄

명 salida : 출발, 출구
쌀리다

동 volar : 날다
볼라르

부 silenciosamente : 조용히
씰렌씨오싸멘떼

표 Yo lo siento. : 죄송합니다.
요 올로 씨엔또.

부 escandalosamente : 소란스럽게
에쓰깐달로싸멘떼

Guau~ 동생아, 저 밑에 좀 봐봐. 건물들이 죄다 미니어처 같아서 짱 귀엽다. 그치?

응? 뭐야, 얘 벌써 잠들었나 보네.

... 기절

어제 비행기 탄다고 그렇게 **esperar** 하더니… 깨울까?

Déjalo solo. 피곤했나 보지. 애들은 원래 금방금방 잠들잖아.

그보다 너 **manta** 안 덮을 거면 나 좀 주라. 땀이 식어서 그런가? 몸이 으슬으슬 떨리네.

이중으로 덮어야겠어.

¿Tú estás bien? 감기 걸린 건 아니지? 자, 여기.

Gracias. 그리고 나 지금부터 잠깐 눈 좀 붙일 테니까 성가시게 하지 말고 알아서 시간 보내라. 알았냐?

뭐야, 너도 벌써 **dormir** 할 거야? 재미없어라.

여행지에 내려서 바로 돌아다니려면 지금부터 **energía**를 비축해둬야지.

그리고 어차피 비행기 안에선 딱히 **hacer** 할 것도 없잖아.

그렇기야 하지만, 그래도 조금 아쉬운데...

Guau. : 우와.
구아우.

esperar : 기대하다, 기다리다
에쓰뻬라르

Déjalo solo. : 내버려 둬.
데할로 쏠로.

manta : 담요
만따

¿Tú estás bien? : 괜찮아?
¿뚜 에쓰따쓰 비엔?

Gracias. : 고마워.
그라씨아쓰.

dormir : 잠자다
도르미르

energía : 에너지
에네르히아

hacer : 하다
아쎄르

에이, 몰라. 나도 그냥 자야겠다. 혼자 깨어 있어봤자 뭐 하겠어.

잘 생각했어. 먹고 자고 싸다 보면 어느새 **llegada** 해 있을 거야. 좀만 참아.

아아, **despertarse** 했을 때 이미 도착해있으면 참 좋을 텐데.

나참…
그럴 리가 없잖아. 시답잖은 소리 하긴.

아, 그런데 원래 해외 나갈 때 **visa** 발급받아야 하는 거 아냐?

그러고 보니 나 그거 신청 안 했는데, 괜찮은 건가? 그보다… 비자가 뭐야?

비자카드? 라는 것도 있고.

… 비자는 **simplemente** 말해서 가고자 하는 나라에 대한 입국허가서 같은 거야.

그래서 보통은 해당 국가의 정부로부터 비자를 발급받아야 하는데

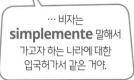

지금 우리가 가고 있는 나라에선 우리가 소지한 여권으로 비자를 대신 할 수 있기 때문에 굳이 발급을 안 받아도 **visitar** 할 수가 있는 거야.

우리나라 여권은 파워가 좀 센 편이야.

비자가 없다고? 여권만 있어도 돼~

por supuesto, 이에 해당하지 않는 나라에 방문하려면 비자 발급이 필수지만.

우리는 여권 취급 안 해!

이름은 같지만, 비자카드는 그냥 국제적인 신용카드야.

📖 **llegada** : 도착
예가다

📖 **despertarse** : 일어나다, 잠에서 깨다
데쓰뻬르따르쎄

📖 **visa** : 사증
바싸

📖 **simplemente** : 간단히
씸쁠레멘떼

📖 **visitar** : 방문하다
비씨따르

📖 **por supuesto** : 물론
뽀르 쑤뿌에쓰또

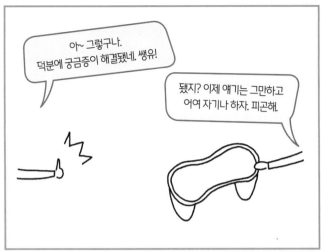

📧 **Buenas noches.** : 잘 자.
부에나쓰 노체쓰.

📝 **ruidoso** ♂ **ruidosa** ♀ : 시끄러운
르~우이도쏘 / 르~우이도싸

📗 **concentrarse** : 집중하다
꼰쎈뜨라르쎄

📗 **fábrica** 공장
파'브리까

📙 **él** : 그
엘

아니나 다를까, 술에 만취한 공장의 거친 손은
그녀의 어깨를 **tocar** 하고 있었고,

나는 지성인이다…
한 번만 참자, 참아…

그 모습에 눈이 뒤집힌 그는 공장에서 **producir** 하고 있던
골프채를 들고 단숨에 달려가 공장장을 한 방에 때려눕히고 말았다.

?!?

그는 가쁜 숨을 천천히 몰아 내쉬면서

놀란 표정으로 자신을 바라보고 있는 **ella**에게 말했다.

나와 함께 도망쳐요!
이 지옥 같은 곳에서
벗어나 함께 살아요!

그의 눈은 또렷했다.

그녀와 함께라면
어떠한 고난도 넘길 수 있으리라.

하지만 되돌아온 그녀의 **respuesta**는
그의 심장을 무너져 내리게 했다.

저가…
누구신지는 모르겠지만,
신고할게요.

어…?

십 년의 사랑은 흩어지고,
ellos 사이에선 한동안 적막만이 맴돌았다…

파스스

이 **novela**,
내가 쓰고 있긴 하지만
느낌이 왔어.

크으ㅡ
기가 막히는구먼!!

무조건
팔릴 거야!!
후훗.

---

⑤tocar : 만지다
또까르

⑤producir : 생산하다
쁘로두씨르

ⓟella : 그녀
에야

ⓟrespuesta : 대답
르~에쓰뿌에쓰따

ⓓellos ♂ ellas ♀ : 그들
에요쓰 / 에야쓰

ⓟnovela : 소설
노벨라

명 escribir : 쓰다 (write)
에쓰끄리비르

명 niño 👤 niña 👤 : 아이
니뇨 / 니냐

명 adulto : 어른
아둘또

동 trabajar : 일하다
뜨라바하르

명 teléfono : 전화
뗄레포「노

동 cambiar : 바꾸다
깜비아르

01 강세 (악센트)

스페인어의 발음을 잘하기 위해서 악센트(단어의 강세)는 매우 중요합니다.
하지만 걱정할 필요가 없습니다. 스페인어의 각 단어는 어디에 강세가 있는지 단어의 모양으로
이미 우리에게 알려주고 있기 때문입니다.

¹ 강세표시가 **있는 경우**

어떤 단어에는 이미 강세 표시가 포함되어 있습니다.
이 강세 표시를 Tilde[띨데]라고 부르는데 주로 강세가 불규칙한 단어에 쓰입니다.
또한, **Tilde**는 사용자가 임의로 찍어주는 게 아니라 단어에 포함되어 있다는 것을 기억해 주세요.

강세표시 (Tilde) : 마음대로 뗄 수 없다

teléfono   [뗄레포노] : 전화기

² 강세표시가 **없는 경우**

우선 단어의 끝을 살펴보세요. 모든 단어는 자음이나 모음 둘 중 하나로 끝날 것입니다.

festival *자음*
[페스티발] : 축제

paella *모음*
[빠에야] : 빠에야

만약, 자음으로 끝나면 맨 뒤 음절에 강세가 있습니다 : AGUDA형 강세
모음으로 끝나면 맨 뒤에서 두 번째 음절에 강세가 있습니다 : GRAVE형 강세

mujer   [무헤르] : 여자   **burrito**   [부ㄹ이또] : 부리또

Español   [에쓰빤뇰] : 스페인어   **amigo**   [아미고] : 친구

하지만, 자음 중에 n, s 로 끝나는 경우는 강세가 뒤에서 두 번째 음절에 있습니다.

자음으로 끝나는 경우 :   **mujer**   [무헤르] : 여자

모음으로 끝나는 경우 :   **hombre**   [옴브레] : 남자

n, s로 끝나는 경우   :   **joven**   [호벤] : 청년

Tip 음절과 강세

음절이란?

1음절　2음절　3음절　4음절　5음절

I / ma / gi / na / ción

모음이 포함된 하나의 덩어리마다
하나의 음절입니다.

대부분 뒤에서 두 번째 음절에 강세가 있습니다. 왜냐하면...

사실 대부분의 단어가 모음으로 끝납니다. 특히나 대부분의 형용사는 모음으로 끝납니다.
게다가 자음으로 끝나는 단어 중 그나마도 n, s가 많습니다.
또 자음으로 끝나는 단어 중에는 자체적으로 Tilde가 붙어있는 경우도 많습니다.

Tilde에 따라 의미가 달라지는 단어도 있습니다.

음절이 하나인 경우를 monosílaba라고 하는데 강세를 지닐 필요가 없으므로 Tilde를 표기하지 않습니다.
하지만 같은 모양이면서 단어의 뜻이 다른 경우, 이를 구별하기 위해 Tilde를 표기하기도 합니다.

Él *vs.* El　　**1** Él : 그(he)　Él es guapo. [엘 에쓰 구아뽀] 그는 미남이다.

　　　　　　　2 El : 그(정관사) El hombre. [엘 옴브레] 그 남자.

Tú *vs.* Tu　　**1** Tú : 너(you)　Tú eres hermosa. [뚜 에레쓰 에르모싸] 너는 아름답다.

　　　　　　　2 Tu : 너(your) Tu casa. [뚜 까싸] 너의 집.

ESDRÚJULA 강세 : 맨 뒤에서 세 번째 음절에 강세가 있습니다.

1> 영어의 id, ic, cal로 끝나는 형용사나 명사는
대부분 ESDRÚJULA 강세

영어	스페인어	한국어
rapid	rápido	빠른
solid	sólido	단단한
romantic	romántico	낭만적인
logical	lógico	논리적인

2> mente로 끝나는 부사 (영어의 ly = mente)

- 형용사였을 때의 강세를 유지합니다.
만약 형용사에 Tilde가 없었다면,
Tilde 표기도 없습니다.

rápido　　rápidamente

lento　　lentamente

이 단어의 원래 강세 위치
GRAVE형강세

ón, és, án : n, s로 끝났지만 AGUDA형 강세

n, s로 끝났지만 GRAVE형 강세가 아닙니다. AGUDA형 강세입니다. Tilde 표시에 따라 맨 뒤 음절에 강세가 있습니다.
이 경우는 100% 남성명사입니다. 이 명사들을 복수로 만들기 위해 es가 붙는 경우 Tilde 표시는 사라집니다.
하지만, 원래의 강세는 유지됩니다.

capitán　　capitanes

2장

그 이름, 식당 매너

가깝고도 먼

명 **bello** ♂ / **bella** ♀ : **아름다운**
베요 / 베야

명 **poema** : **시**
뽀에마

명 **comer** : **먹다**
꼬메르

명 **estómago** : **배** (stomach)
에스또마고

명 **espalda** : **등**
에쓰빨다

동 **ir** : **가다**
이르

명 **restaurante** : **식당**
르~에쓰따우란떼

야, 그런데 여기서 **cerca** 있는 거지?

먼 곳 아니지? 먼 곳은 싫어!

이 근처니까 걱정하지 마~
한 5분 정도만 **caminar** 하면 나올 거야.

진짜지? **mentira** 하면 나중에 가만 안 둔다.

mentirosa라고 평생 놀릴 거야!

아, 그만 징징대고 너넨 그냥 나만 따라와! 이쪽이야.

덜그럭

덜그럭

딸랑~

¡Bienvenidos!
두 분이신가요?

Hola.
네, 두 명 맞아요.

엥, 나도 있는데!

자리로 바로 안내해드리겠습니다.
이쪽으로 오세요.

우와~
사람이 바글바글하네.

나도 **estar** 하다고!

후훗, 그럴만한
razón이 다 있지~
빨리 따라가자!

여기 앉아주세요.
잠시만 기다려 주시면 곧 **menú**를
가져다드리겠습니다.

네,
감사합니다~

🔎 **cerca** : **가까이**
쎄르까

🚶 **caminar** : **걷다**
까미나르

📛 **mentira** : **거짓말**
멘띠라

📛 **mentiroso** ♂ **mentirosa** ♀ : **거짓말쟁이**
멘띠로쏘 / 멘띠로싸

💬 **¡Bienvenidos!** : **어서 오세요!**
비엔베니도스!

💬 **Hola.** : **안녕하세요.**
올라.

💬 **estar** : **있다**
에스따르

📛 **razón** : **이유**
라쏜

📛 **menú** : **메뉴판**
메뉴

아이고, 드디어 살겠다. 계속 무거운 짐 메고 걷느라 **rodilla**가 너무 쑤셨어.

마사지 해줄게!

쯧쯧, 엄살부리긴!

그보다 여기 어때? 분위기 엄청 **buena** 한 것 같지 않아?

그러게. 여기저기 빈티지한 **mueble**들을 배치해 놓은 게 마음에 아주 쏙 드네.

그리고 무엇보다 침샘을 자극하는 이 향긋한 **olor**가 너무 좋아.

음~ 스메~

와다다다다

아, 반대쪽도 **Por favor.**

오케이!

헤헤…

와다다다다

그치? 내가 여행 오기 전에 인터넷으로 **buscar** 해봤는데

여기 세계적으로 **famoso** 한 셰프가 운영하는 가게라고 하더라.

reservación을 아예 받지 않는 곳이라서 한, 두 시간 웨이팅 정도는 각오하고 있었는데. 이렇게 단번에 **entrar** 하게 되다니! 우리 완전히 땡잡은 거야!

오호~

으~ 분명 어떤 메뉴를 주문하든 엄청 **rica** 한 음식이 나올 게 틀림없어!

그래서 사람이 이렇게나 많은 거구나? 이거 기대되는데?

아, 이제 됐어. 힘쓰느라 고생했네. 고마워.

헉헉… **De nada** …!

명 **rodilla** : **무릎**
르~오디야

형 **bueno** ♂ **buena** ♀ : **좋은**
부에노 / 부에나

명 **mueble** : **가구**
무에블레

명 **olor** : **냄새**
올로르

표 **Por favor.** : **부탁해.**
뽀르 파f보르.

동 **buscar** : **검색하다, 찾다**
부쓰까르

형 **famoso** ♂ **famosa** ♀ : **유명한**
파f모쏘 / 파f모싸

명 **reservación** : **예약**
르~에쎄르바씨온

동 **entrar** : **입장하다**
엔뜨라르

형 **rico** ♂ **rica** ♀ : **맛있는, 부유한**
르~이꼬 / 르~이까

표 **De nada.** : **천만에요.**
데 나다.

명 camarero ♂ camarera ♀ : 종업원
까마레로 / 까마레라

명 cliente : 손님
끌리엔떼

동 traer : 가져오다
뜨라에르

부 pronto : 곧
쁘론또

표 ¡Disculpe! : 저기요!
¡디쓰꿀뻬!

표 La carta, por favor. : 메뉴판 주세요.
울라 까르따, 뽀르 파「보르.

명 voz : 목소리
보쓰

의 por qué? : 왜?
뽀르께?

후... 너희가 **hablar** 한 대부분이 어디서 나온 기준인지는 모르겠는데 유럽에서는 테이블 매너가 **importante** 한 문화이기 때문에 꼭 지켜야 해.

테이블?

매너?

그래. 종업원을 부르고 싶으면 **ojo**가 마주칠 때까지 기다렸다가

드디어 날 봐주셨어!

눈이 마주치면 그때 **mano**를 들어 조용히 불러야 하는 거야.

저... 이제 주문하고 싶어요.

ruidosamente 부르면 다른 사람들한테 폐가 된다고 생각하거든.

그리고 여기 종업원들에게는 자기만의 일 처리 순서가 따로 있어서

1.
1번 테이블 세팅

1.
3번 테이블 청소

2.
7번 테이블 응대

2.
4번 테이블 계산

3.
1번 테이블 안내

너처럼 막 **llamar** 한다고 해서 바로바로 대응해주지 않아.

저기요! 어디 가세요? ㅠㅠ

wait!

지금은 7번 테이블 응대하러 가는 중~

또, 종업원과 손님은 갑을관계가 아닌 대등한 **relación**이라고 여기기 때문에

ㅋㅋㅋ

물 줘, 소스 줘, 얼음 줘, 불 꺼줘.

계속 깝죽거려?

그걸 모르고 계속 예의 없게 행동했다간 여기서 **salir** 하라고 할 수도 있어.

너 나가.

---

hablar : 이야기하다
아블라르

importante : 중요한
임뽀르딴떼

ojo : 눈 (eye)
오호

mano : 손
마노

ruidosamente : 큰 소리로
르~우이도싸멘떼

llamar : 부르다
야마르

relación : 관계
르~엘라씨온

salir : 나가다
쌀리르

기껏 여기까지 왔는데 아무것도 못 먹고 나갈 순 없잖아. 안 그래?
너희가 뭘 잘못했는지 이제 좀 **saber** 하겠어?

그래… 아주 잘 **Yo entiendo.**
근데 하도 오래 걸리니까 나도 모르게 그냥…

 excusa는 됐고! 다음부터는 꼭 주의해. 아, 종업원 온다.

죄송함돠!

메뉴판입니다. **necesaria** 하신 음료 있으면 먼저 주문해주세요.

저, 죄송하지만 조금 있다가 음식이랑 같이 **pedido** 해도 될까요?

물론이죠. 천천히 보시면서 메뉴를 **escoger** 해주세요. 그럼.

다시 오겠습니다.

가게의 질서는 내가 지킨다!

어디 한번 난리 피워보시지!

…순간 흘깃하고 노려보는 거 봤지?

알았어, 내가 잘못했다고.

그보다 얼른 음식이나 **pedir** 하자. 배고파.

그래, 그럼 메뉴에 뭐가 있는지 어디 한번 볼까~

빨리, 빨리~

🔲**saber : 알다**
싸베르

🔲**Yo entiendo. : 이해했다.**
요 엔띠엔도.

🔲**excusa : 변명**
엑쓰꾸싸

🔲**necesario ♂ necesaria ♀ : 필요한**
네쎄싸리오 / 네쎄싸리아

🔲**pedido : 주문**
뻬디도

🔲**escoger : 고르다**
에쓰꼬헤르

🔲**pedir : 주문하다**
뻬디르

명 **filete** : 스테이크
필'레떼

명 **tostada** : 토스트
또쓰따다

명 **sándwich** : 샌드위치
싼드위치

명 **pizza** : 피자
삣싸

명 **pasta** : 파스타
빠쓰따

명 **sopa** : 수프
쏘빠

명 **ensalada** : 샐러드
엔쌀라다

dessert

flan

gofre

macaron
※ 마카롱은 사실
이탈리아 디저트야!

brownie

té verde

café

zumo

chocolate
caliente

vino tinto
vino blanco
※ 레드 와인은 고기, 화이트
와인은 생선을 먹을 때 즐겨!

피자를 시킬 땐
1인당 한 판을 시키는 게
매너라더라.

※ 이탈리아는 자릿세와 물값이 기본이니까, 꼭 확인해!

오늘의 런치 코스
샐러드+스테이크+브라우니

우리도 피자 먹을 거면
세 판 시켜야겠네?

의 **qué** : 무엇	대 **cualquier cosa** : 뭐든지	명 **vino** : 와인	형 **caro** ♂ **cara** ♀ : 비싼
께	꾸알끼에르 꼬싸	비노	까로 / 까라

동 **pagar** : 지불하다	형 **interesante** : 재미있는	의 **dónde** : 어디
빠가르	인떼레싼떼	돈데

문 **Yo estoy sorprendido.** ♂ (**sorprendida** ♀) : 나 깜짝 놀랐어.	의 **cuándo** : 언제
요 에쓰또이 쏘르쁘렌디도. (쏘르쁘렌디다)	꾸안도

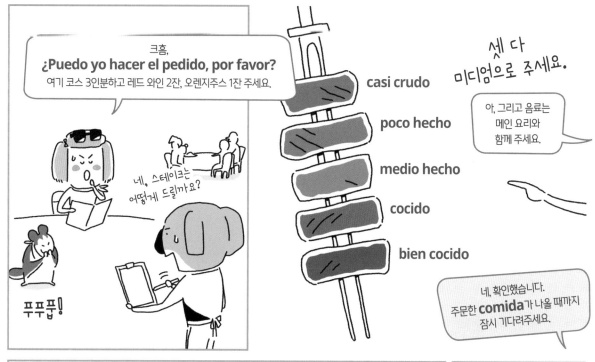

크흠,
¿Puedo yo hacer el pedido, por favor?
여기 코스 3인분하고 레드 와인 2잔, 오렌지주스 1잔 주세요.

네, 스테이크는 어떻게 드릴까요?

푸푸푸!

casi crudo

poco hecho

medio hecho

cocido

bien cocido

셋 다 미디엄으로 주세요.

아, 그리고 음료는 메인 요리와 함께 주세요.

네, 확인했습니다.
주문한 **comida**가 나올 때까지 잠시 기다려주세요.

…너 방금 되게 **graciosa** 한 얼굴이었던 거 알고 있냐?

으캬캬캭!

알고 있으니까 제발 그 **boca** 다물고 조용히 넘어가자… 응?

그만 웃어라, 엉?

Tap! Tap! 꽉 Tap!

그건 그렇고, 음식 나오기 전에 어디 갈지 한 번 상의해보자~ 혹시 가보고 싶은 곳 따로 있어?

에이, **discutir** 하기는 무슨~

한 번만 봐준다.

휴, 숨질 뻔…

그냥 이 두 **pierna**가 향하는 대로 가는 거지 뭐. 안 그래?

그럼! 난 이 늠름한 날개와 바람만 있으면 어디든 갈 수 있어!

🔲 **¿Puedo yo hacer el pedido, por favor?** : **주문할게요.**
¿뿌에도 요 아쎄르 엘 뻬디도, 뽀르 파「보르?

🔲 **casi crudo** : **겉만 익힘**
까씨 끄루도

🔲 **poco hecho** : **살짝 익힘**
뽀꼬 에초

🔲 **medio hecho** : **중간 정도 익힘**
메디오 에초

🔲 **cocido** : **잘 익힘**
꼬씨도

🔲 **bien cocido** : **완전히 익힘**
비엔 꼬씨도

🔲 **comida** : **음식**
꼬미다

🔲 **gracioso** ♂ **graciosa** ♀ : **우스운**
그라씨오쏘 / 그라씨오싸

🔲 **boca** : **입**
보까

🔲 **discutir** : **상의하다**
디쓰꾸띠르

🔲 **pierna** : **다리** (leg)
삐에르나

동 **hablar** : 말하다 아블라르	명 **plan** : 계획 쁠란	명 **lugar** : 장소 울루가르	명 **agua** : 물 아구아
명 **ciudad** : 도시 씨우닫	형 **lamentable** : 유감스러운 올라멘따블레	형 **lejos** : 멀리 있는 올레호쓰	부 **sí?** : 그래? 씨?

명 **torre** : 탑
또르~에

동 **¡Viva!** : 야호!
¡비바!

동 **pensar** : 생각하다
뻰싸르

명 **nombre** : 이름
놈브레

명 **mapa** : 지도
마빠

동 **No saber.** : 모르다.
노 싸베르.

명 **opinión** : 의견
오삐니온

명 **significado** : 의미
씨그니피「까도

동 **disculpar** : 사과하다
디쓰꿀빠르

동 **enfadarse** : 화나다
엔「파다르쎄

내가 그 정도로 화낼 **persona**로 보이냐? 하하핫!

어때, 내 연기력 죽이지? **actor**로 전직해도 먹고살 만하겠지?

역시 형은 알아줘야 한다니까!

………

하아, 이 자식들을 그냥…

ㅋㅋㅋㅋㅋ

주변에 사람만 없었으면 먼지 나도록 패줬을 텐데…!

우히히, 아무튼! 난 정말로 어딜 가든 상관없으니까 네 결정에 **seguir** 하도록 할게.

잘 부탁한다!

여행하는 동안에는 네가 우리를 이끌어주는 **guía**인 거지!

호호호, 그거 아주 좋네~

너희 **pie** 바닥에 불이 나도록 이곳저곳 끌고 다녀줄 테니까 지금부터 몸이나 풀고 있으라고! 후후.

아… 말을 잘못 꺼냈다.

Han estado esperando mucho tiempo. 주문하신 음식 나왔습니다.

나이스 타이밍!

언제 오나 했더니 **por fin**! 이 순간을 기다리고 있었단 말이지~!

명 **persona** : 사람
뻬르쏘나

명 **actor** ♂ **actriz** ♀ : 배우
악또르 / 악뜨리쓰

동 **seguir** : 따르다
쎄기르

명 **guía** : 안내자
기아

명 **pie** : 발
삐에

문 **Han estado esperando mucho tiempo.** : 오래 기다리셨습니다.
안 에스따도 에스뻬란도 무초 띠엠뽀

부 **por fin** : 드디어
뽀르 핀ᶠ

📕 **cuandoquiera** : 언제든지
꾸안도끼에라

📗 **divertido** ♂ **divertida** ♀ : 즐거운
디베르띠도 / 디베르띠다

📘 **¡Gracias por la comida!** : 잘 먹겠습니다!
그라시아스 뽀르 라 꼬미다!

📙 **sabor** : 맛
싸보르

📗 **parar** : 멈추다
빠라르

📕 **insecto** : 벌레
인쎅또

📗 **usar** : 사용하다
우싸르

📗 **agarrar** : 잡고 있다
아가르~아르

명 **problema : 문제** (problem)	명 **dejar : 놓다**	명 **tenedor : 포크**	명 **ley : 법**
쁘로블레마	데하르	떼네도르	울레이
명 **brazo : 팔**	명 **comida : 식사, 음식**	명 **madre : 엄마**	명 **mismo ♂ misma ♀ : 같은**
브라쏘	꼬미다	마드레	미쓰모 / 미쓰마

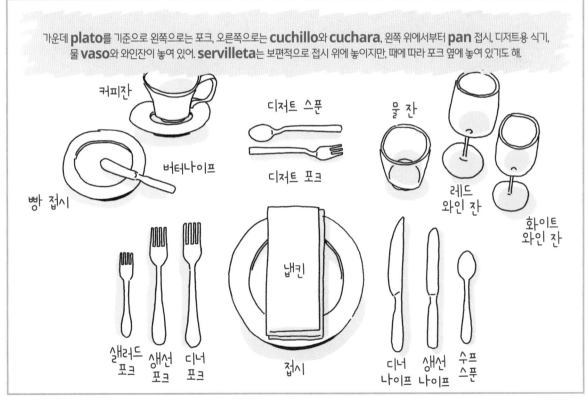

명 **enseñar** : 가르치다
엔쎄냐르

부 **de repente** : 갑자기
데 ㄹ~에뻰떼

명 **país** : 국가
빠이쓰

명 **plato** : 접시
쁠라또

명 **cuchillo** : 칼
꾸치요

명 **cuchara** : 숟가락
꾸차라

명 **pan** : 빵
빤

명 **vaso** : 컵
바쏘

명 **servilleta** : 냅킨
쎄르비예따

소금과 **pimienta** 세트는 테이블 인원들이
돌려쓸 수 있도록 테이블 정중앙에 있지.

적어도 네 사람당
한 쌍씩

각각의 식기들은 음식의 **tipo**에
따라 달리 사용해야 하는데

생선?

고기?

야채?

예를 들어 **pescado** 요리가 나왔으면 그에 맞는 포크와 나이프를

carne 요리가 나왔으면
또 그에 맞는 포크와 나이프를 써야 하는 식이야.

아니, 잠깐만.
다 비슷비슷하게 생긴 걸
cómo 구별하란 거야?

아삭아삭

그건…
식기의 모양을 자세히 보고
구별하는 수밖에 없어.

하지만, 우리가 이런 문화에
particularmente
흥미를 가지고 있는 것도 아니고
그런 걸 일일이 **recordar** 하고
다닐 필요는 없잖아?

냠냠

쩝쩝

명 **pimienta** : 후추	명 **tipo** : 종류	명 **pescado** : 생선	명 **carne** : 고기
삐미엔따	띠뽀	뻬쓰까도	까르네

의 **cómo** : 어떻게	부 **particularmente** : 특히	동 **recordar** : 기억하다
꼬모	빠르띠꿀라르멘떼	ㄹ~에꼬르다르

그래서 좌우간
" 음식이 나올 때마다 가장자리에 있는 식기부터 차례대로 사용한다. "
이 점만 기억하고 있으면 돼.

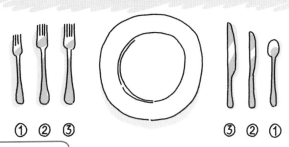

① ② ③　　　③ ② ①

야! 그리고 또 하나 기억해두면 좋은 게 있는데
바로 좌빵우물이란 **palabra**야.

그건 또 뭔데?

테이블 세팅 시 **izquierda**에는 빵,
derecha에는 물이 놓인다는 뜻인데

지금 우리가 이렇게 마주 앉아 있을 때는 상관없지만
만약 이런 둥근 **mesa** 같은 곳에서 여러 명이 앉아
식사할 경우에는 **cuál**이 내 빵이고, 물인지 헷갈려서

빵과 물의
뫼비우스 띠...

명 palabra : 낱말
빨라브라

명 izquierda : 왼쪽
이쓰끼에르다

명 derecha : 오른쪽
데레차

명 mesa : 탁자
메싸

의 cuál : 어느 것
꾸알

실수로 otro의 것을 먹어버릴 수도 있거든.

물론, 그런 일이 벌어져도 reír 해서 넘길 수 있는 상황이면 참 좋겠지만 그렇지 않은 경우가 많을 테니 미리 알아두면 좋다는 말씀.

이상, 강의 fin!

와~ 너무나도 친절하게 가르쳐주셔서 Gracias. 교수님!

그럼 저 이제 화장실 좀 다녀와도 될까요? 배가 또 사르르 enfermo 한 것 같은데.

왜 안 가나 했다!

아 진짜, 또 뭔데? 나 지금 배 아프다고! 굉장히 apresurada 한 상황이라니까!?

이머전시! 이머전시!

잠깐!

antes de eso 하나만 더 듣고 가.

너 지금 앞에 있는 음식 다 먹은 거지?

응응, 그런데?

圀otro ♂ otra ♀ : 다른 사람
오뜨로 / 오뜨라

동reír : 웃다
르~에이르

명fin : 끝
핀f

감Gracias. : 고맙습니다.
그라씨아쓰.

형enfermo ♂ enferma ♀ : 아픈
엔페f르모 / 엔페f르마

부antes de eso : 그 전에
안떼쓰 데 에쏘

형apresurado ♂ apresurada ♀ : 급한
아쁘레쑤라도 / 아쁘레쑤라다

그럼, 식기를 접시 위에 이런 식으로 놔야 해. 이건 '음식을 다 먹었으니까 다음 음식을 가져다주세요.'라는 일종의 **señal** 이거든.

또, **aún** 음식을 다 먹진 않았지만 잠시 식사를 멈추고 이야기를 나누고 싶거나 자리를 비우고 싶을 때는 이렇게,

다 먹고 식사를 완전히 **terminar** 했을 때는 이렇게,

그리고 음식이나 **servicio**가 무척 마음에 들었다 싶으면 이렇게,

마음에 들지 않았다면 이런 식으로 놓는 거야.

물론 그냥 말로 해도 되긴 하지만, 알아두면 우리도 편하고 종업원도~

...응? 얘 어디 갔어. 내 말 들은 사람, **quién**?

조용히 먹기나 해!

명 señal : 신호
쎄냘

부 aún : 아직
아운

동 terminar : 끝내다
떼르미나르

명 servicio : 서비스
쎄르비씨오

의 quién : 누구
끼엔

통 morir : 죽다
모리르

부 mucho : 많이
무초

명 papel higiénico : 화장지
빠뻴 이히에니꼬

명 teléfono móvil : 휴대폰
뗄레포「노 모빌

대 alguien : 누군가
알기엔

대 cualquiera : 누구든지
꾸알끼에라

📘 **la última vez** : 지난번에
올라 울띠마 베쓰

📗 **peligroso** ♂ **peligrosa** ♀ : 위험한
뻴리그로쏘 / 뻴리그로싸

📘 **¡Disculpe!** : 실례합니다.
¡디쓰꿀뻬!

명 emergencia : 비상상황
에메르헨씨아

동 recibir : 받다
르~에씨비르

동 esperar : 바라다
에쓰뻬라르

명 hábito : 습관
아비또

명 puerta : 문, 게이트
뿌에르따

mientras : ~하는 동안
미엔뜨라쓰

vergüenza : 수치심
베르구엔싸

allí : 거기
아이

명 hogar : 집 (home)
오가르

감 ¡Salud! : 건배!
¡쌀룻!

부 entonces : 그렇다면
엔똔쎄쓰

명 hoy : 오늘
오이

형 excelente : 훌륭한
엑쎌렌떼

명 placer : 기쁨
쁠라쎄르

圆**camino** : 길 (way)
까미노

圆**alto**♂ **alta**♀ : 높은, 키가 큰
알또 / 알따

圆**perder** : 지다, 잃다
뻬르데르

圆**superar** : 이겨내다
수뻬라르

圆**comienzo** : 시작
꼬미엔쏘

圆**diversión** : 즐거움
디베르씨온

아~ 잘 먹었다. 마지막에 나온 **postre**도 대만족이었어.

으, 그런데 너무 많이 먹어서 큰일 났어. 우리 분명 **peso**가 5kg씩은 늘어났을 거야…

배불배불

야… 갑자기 몸무게 얘기하지 마라… 우울해지니까…

하아… **dieta** 해야 하는데…

훌쭉~

아, 맞다! 그런 말이 있잖아? **felizmente** 하게 먹었으면 0칼로리!

!!-맞아 **antes** 어디선가 들어봤어! 그런데, 맛있게 먹었으면 0칼로리 아닌가..?

아, 그랬나? 하하하. **de todos modos**! 그 말에 따르면 우리 살 안 쪘을 거야. 먹기 전 그대로야!

아니지…! 우리 되게 전투적으로 먹었잖아! 그러니까 오히려 살이 빠지지 않았을까?

오오, 맞아! 땀 줄줄 흘려가면서 먹었지! 굉장히 파이팅 넘쳤어!

그렇다면? 그만큼 빠졌겠지!!

와~ 먹으면서 살 뺐다. 와~

날다람쥐 TV

다람쥐 리포터

이들은 전형적인 합리화의 **proceso**를 아주 적나라하게 보여주고 있습니다.

명 **postre** : 디저트
뽀쓰뜨레

명 **peso** : 체중
뻬쏘

명 **dieta** : 다이어트
디에따

부 **felizmente** : 행복하게
펠『리쓰멘떼

부 **antes** : 예전에
안떼쓰

부 **de todos modos** ♂ **de todas formas** ♀ : 어쨌든
데 또도쓰 모도쓰 / 데 또다쓰 포『르마쓰

명 **proceso** : 과정
쁘로쎄쏘

⊠**factura** : 청구서
팍'뚜라

⊠**descanso** : 휴식
데쓰깐쏘

⊠**mente** : 정신
멘떼

⊠**moverse** : 움직이다, 이동하다
모베르쎄

⊠**cabeza** : 머리
까베싸

⊠**Eso está bien.** : 괜찮습니다.
에쏘 에쓰따 비엔.

원래 지금이 제일 **ocupado** 한 시간대라~ *#%^!!%^&#

게다가 저 안쪽 자리에 **grupo** 손님들이 계셔서 그 응대를 하느래! !$@$~^

횡설수설

저기...!!

핫!!

후훗, 괜찮아요~ 너무 그렇게 신경 쓰지 않으셔도 돼요!

침착해!!

아아... 여러분의 **favor** 에 정말 감사드립니다.

저희 가게 요리는 어떠셨나요? 입에 맞으셨나요?

Sí, 너~무 맛있었어요. 서비스도 너무 좋았고요.

덕분에 **Estoy satisfecha**!

다행이에요~ 기대에 부응해드린 것 같아서 저도 기분이 좋네요.

그럼, 결제는 어떤 방식으로 하시겠어요? 현금으로 지불하시겠어요, 아니면 **tarjeta**로 지불하시겠어요?

야, 너 어떻게 할 거야? **acá**로 와서 계산해.

어? 어, 그래야지...

아, 잠시만요~

이 녀석, 농담이 아니었구나...?

형 **ocupado** ♂ **ocupada** ♀ : 바쁜
오꾸빠도 / 오꾸빠다

명 **grupo** : 단체
그루뽀

명 **favor** : 호의
파'보르

부 **Sí**. : 네.
씨.

감 **Estoy satisfecho.** ♂ **(satisfecha** ♀**)** : 잘 먹었습니다.
에스또이 싸띠스페초 (에스또이 싸띠스페차)

명 **tarjeta** : 카드
따르헤따

부 **acá** : 이쪽
아까

그렇다면...!

응? 아이고, 이런! 내 **cartera**가 어디 갔더라~?
음~ 배낭에다 넣어놨었나~?

여기 있잖..

찌릿!

합....!

하하핫, 잠깐만 기다려 봐~?

앗, 그렇게 할래?

…됐다, 됐어. 일단 내가 계산할게.

efectivo로 계산할게요. 여기요.

네, 잠시 **contar** 해볼 테니 조금만 기다려주세요.

좀 스러워서 정말

50

그런데 너 혹시라도 오해하지 마라? 내가 안 내고 싶었던 게 아니야.

……

알지? 내고 싶었는데 지갑이 말이야~

한 놈, 두시기, 석삼, 너구리... 네, 계산 완료되었습니다. 여기 남은~

뻥!

시끄럽게 하지 말고 빨리 가!

그럼 안녕히 계세요~

어? 자.. 잠시만요, 손님! **cambio** 받아 가셔야죠!

명 **cartera** : 지갑
까르떼라

명 **efectivo** : 현금
에펙^f띠보

동 **contar** : 세다
꼰따르

명 **cambio** : 거스름돈
깜비오

후, **realmente** 모르는 건지, 아니면 모르는 척하는 건지…

그건… 팁이에요!!

어맛!?

고, 고맙습니다! 기회가 되면 **algún día** 꼭 다시 한번 방문해주세요!

조심히 들어가세요!

딸랑~

훗!!

… 너 좀 멋있다?

흥, 그걸 이제야 알았나?

반하지 마라. 피곤해지니까.

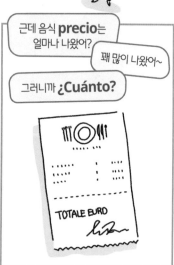

근데 음식 **precio**는 얼마나 나왔어?

꽤 많이 나왔어~

그러니까 **¿Cuánto?**

TOTALE EURO

이리 와봐.

굳이 귓속말을…?

소곤소곤

헉… 진짜 꽤 많이 나왔구나. 조금 미안한데..?

어머, 무슨 소리래? **después**에 다 받을 거거든?

뭐야! 네가 쏘는 거 아니었어!

---

realmente : 진짜로
르~에알멘떼

algún día : 언젠가
알군 디아

precio : 가격
쁘레씨오

¿Cuánto? : 얼마큼?
¿꾸안또?

después : 나중에
데쓰뿌에쓰

있잖아, 우리 **padre**가 아무리 친한 친구 사이여도 돈 관계는 철저히 하랬어.

아빠 친구가 **negocios** 한다고 아빠한테 돈 빌려달래서 순순히 빌려줬더니

이런 아이템… 저런 아이디어…

그 돈 들고 날라버려서… 폭삭 망하셨거든…

압류

그, 그래? 어… 힘내? 미안?

기운 내!

ㅋㅋㅋ 다 옛날얘기야~ **ahora**는 괜찮아.

아무튼, 내가 어느 날 문득 **cuenta** 번호 보내면 지체하지 말고 이자 50% 붙여서 이체해라? 알았어?

XXXXXX-XX-XXX

헉! 네네;;

50%? 양아치가 따로 없네, 완전!

오늘 하루 굉장히 바쁜 **horario**가 될 테니까 바짝 긴장하도록!

자, 그럼 이제부터 너넨 내 **atrás**만 따라다니는 거다?

넵!

잘 부탁합니다!

그럼… 렛츠 꼬우~!

우다다다다

야, 야! 밥 먹고 갑자기 뛰면 옆구리 아프다고! 천천히 가~!

명 **padre** : 아빠
빠드레

명 **negocios** : 사업
네고씨오쓰

부 **ahora** : 지금
아오라

명 **cuenta** : 계좌
꾸엔따

명 **atrás** : 뒤
아뜨라쓰

명 **horario** : 일정
오라리오

02 관사

각 나라의 언어는 각각 고유의 특성이 있습니다.

대부분의 특성은 언어를 더 편리하게 사용하기 위해 발달한 것들입니다.

그런데 간혹, 도대체 왜 그런지 알 수 없는 특성도 있습니다.

스페인어, 그리고 유럽의 언어들이 가지고 있는 이상한 특성 중 하나는

바로 '세상의 모든 사물을 남성과 여성으로 나누어 놓았다'는 것입니다.

심지어 새로 발명되거나 발견된, 그래서 새로 생긴 명사까지도 남성이나 여성 중에 하나로

정해버립니다. 이것이 바로 '명사의 성'이라는 개념입니다.

 libro [을리브로]
남성명사 : 책

 casa [까싸]
여성명사 : 집

그런데 어떤 명사를 남성인지 여성인지 구분하면 뭐가 달라질까요?

굳이 구분했으면 그로 인해 뭔가 달라져야 하는 것 아니겠어요? 그렇습니다.

남성명사라면 형용사나 관사도 남성형으로, 여성명사라면 형용사나 관사도 여성형으로 붙여줍니다.

자, 그러면 어떤 명사들이 남성이고, 어떤 명사들이 여성인지 한 번 살펴볼까요?

이왕 구분하는 김에 정관사(영어의 The에 해당)도 붙여보았습니다.

el은 남성형 정관사, **la**는 여성형 정관사입니다.

남성 명사

el libro	[엘 을리브로]	**그 책**
el papel	[엘 빠뻴]	**그 종이**
el bolígrafo	[엘 볼리그라포ᶠ]	**그 볼펜**
el cuadro	[엘 꾸아드로]	**그 그림**

여성 명사

la casa	[을라 까싸]	**그 집**
la mesa	[을라 메싸]	**그 책상**
la fotografía	[을라 포ᶠ또그라피ᶠ아]	**그 사진**
la tienda	[을라 띠엔다]	**그 가게**

책은 '남성', 집은 '여성'. 모든 명사는 남성과 여성으로 나뉩니다.

영어에서 '가리키는 대상이나 대상의 범위가 명확할 때' 해당 명사 앞에 'the'가 붙지요?
스페인어 역시 마찬가지입니다. 이 'the'와 같은 것을 관사라고 부르는데요,
사실 관사는 일종의 형용사입니다. 그래서 관사의 사용법은 형용사의 사용법과 거의 비슷합니다.
명사의 성별과 수에 따라 관사를 다르게 붙인답니다.

'알또'와 '알따'를 기억하시나요? 똑같이 '키가 큰'이라는 의미의 형용사인데도
남, 여에 따라 다르게 사용했잖아요. 바로 그런 것처럼요.

the 정관사

가리키는 대상이나 대상의 범위가 명확할 때

영어에서는 부정관사 a를 사용해 '아무거나 하나'를 나타내지요?
스페인어에도 이와 같은 부정관사 un과 una가 있습니다.

또, 복수형으로는 unos와 unas를 사용합니다.
'아무거나 여러 개'라는 의미로 영어의 some에 해당하죠.

관사는 우리가 마음대로 생략할 수 없는 존재입니다. un, una, unos, unas 모두 마찬가지이죠.
하지만 이중 unos와 unas는 특이하게도 생략이 가능해지는 경우가 많이 있습니다.

a 부정관사

가리키는 대상이나 대상의 범위가 불명확할 때

트레비 분수!
여긴 **moneda** 던지기로
더 많이 알려진 곳이야.

3장

아는 만큼 보인다

휘유~ 여긴 뭔데 사람이 이렇게나 많은 거야?

너무 정신없네!

여기는 스페인 광장이야.
로마에서 가장 **popular** 한 관광명소 중 하나지.

혹시 로마의 휴일이라는 **película** 알고 있어?

ROMAN HOLIDAY

아니? 오늘 **por primera vez** 들어보는데?
넌 알고 있어?

몰라! 난 만화밖에 안 봐!

하긴, 모를 수도 있겠다.
muy 오래된 영화니까.
그래도 오드리 헵번은 알고 있겠지?

아, 알지~
엄청 **bonita** 한 영화배우잖아.

난 몰라...

맞아, 그 영화를 보면 오드리 헵번이
저 **escalera**에서 젤라토를 먹거든?
그 장면이 얼마나 예쁜지~
아직도 회자되고 있을 정도야.

그래서 **tal** 명장면의 배경이 된
이곳도 덩달아 명성을 얻게 됐고,

이렇게,
로마를 방문하는 **visitante**라면
반드시 찾는 명소가 되었단 말씀.

헤에,
그렇구나~

관심 X

휑**popular** : 인기 있는	몡**película** : 영화, 필름	튀**por primera vez** : 처음으로	튀**muy** : 매우
뽀뿔라르	뻴리꿀라	뽀르 쁘리메라 베쓰	무이

휑**bonito**♂ **bonita**♀ : 예쁜	몡**escalera** : 계단	휑**tal** : 그런	몡**visitante** : 방문객
보니또 / 보니따	에쓰깔레라	딸	비씨딴떼

근데 저기서 먹었다던 그 젤라토란 게 뭐야?

먹을 것?

프링글X 같은 **galleta**야?

츄파춥X 같은 **caramelo**?

땡~! 후훗, **todo** 틀렸어~ 젤라토는 이탈리아식 **helado**야.

저요! 젤라토니까 젤리!

아님, 페레로XX 같은 **chocolate**인가?

일반적인 아이스크림과 달리 식감이 쫀득쫀득해서 엄청 맛있대.

우왕, 그거 꼭 한번 **probar** 해보고 싶은데? 우리 사 먹을까?

당연한 소리!

좋아~ 마침 나도 먹고 싶었거든. 이 근처에 **bueno** 한 맛으로 유명한 가게가 있다고 하니 이따가 거기 가서 먹자.

엥?

난 이왕 먹을 거 **esa** 영화처럼 계단에서 먹자고 말한 건데.

그래! 라잇 나우!

안 돼, 여긴 음식물 취식이 **imposible** 한 곳이야.

예전에는 **posible** 한 적도 있었지만, 지금은 문화재 보호 관리 차원에서 금지라나 뭐라나.

también, 계단에 앉는 것도 금지야. 얼마 전까지만 해도 가능했었는데.

뭣이!?

평 **galleta** : 과자
가예따

평 **caramelo** : 사탕
까라멜로

평 **chocolate** : 초콜릿
초꼴라떼

대 **todo** ♂ **toda** ♀ : 전부, 모든것
또도 / 또다

평 **helado** : 아이스크림
엘라도

동 **probar** : 맛보다
쁘로바르

형 **bueno** ♂ **buena** ♀ : 좋은
부에노 / 부에나

형 **eso** ♂ **esa** ♀ : 그
에쏘 / 에싸

형 **imposible** : 불가능한
임뽀씨블레

형 **posible** : 가능한
뽀씨블레

부 **también** : 또한
땀비엔

명 **rápido** ♂ **rápida** ♀ : 빠른 라삐도 / 라삐다	명 **policía** : 경찰 뽈리씨아	명 **advertencia** : 경고 안베르뗀씨아	명 **dinero** : 돈 디네로

명 **plaza** : 광장
뽈라싸

그건, **aqui** 근처에 교황청의 스페인 대사관이 있거든. 아주 옛날부터 말이야.

남는 건 사진뿐!

그보다, 우리 얼른 사진이나 찍자. 먼저 나부터 찍어줘. 자, 여기 **cámara de fotografía** 받아.

오키도키!

오, 이거 **película** 카메라였네? 진짜 오랜만에 만져본다~

그게 뭐야? **normal** 카메라랑 다른 거야?

엄청 다르지~ **esta** 옛날 카메라는 꼭 이 필름을 넣어야만 사진을 찍을 수 있어. 그런데 한 필름당 최대 36장 정도밖에 찍을 수 없고,

뭐야~ 너무 **incómoda** 한 기계 아냐!?

찍은 사진을 **inmediatamente** 확인하고 싶어도, 현상하기 전에는 볼 수가 없지.

후후, 하지만 그렇기 때문에 **foto** 한 장 한 장이 소중하게 느껴진다고~

와… 근데 이거 무지막지 **antigua** 한 것 같은데? 도대체 언제 쓰던 물건이야?

청동기?

그거 우리 **abuela**가 옛날부터 썼던 거야. 젊었을 적 할머니 취미가 세계여행이었는데

젊었을 때 그랬지~

뿐 **aqui** : 여기 아끼	명 **cámara de fotografía** : 사진기 까마라 데 포f또그라피f아
명 **película** : 필름, 영화 뻴리꿀라	형 **normal** : 보통의 노르말
괜 **este** ♂ **esta** ♀ : 이런 에쓰떼 / 에쓰따	튄 **inmediatamente** : 즉시 인메디아따멘떼
형 **incómodo** ♂ **incómoda** ♀ : 불편한 인꼬모도 / 인꼬모다	
명 **foto** : 사진 포f또	형 **antiguo** ♂ **antigua** ♀ : 오래된 안띠구오 / 안띠구아
명 **abuela** : 할머니 아부엘라	

명 **viaje** : 여행
비아헤

명 **abuelo** : 할아버지
아부엘로

명 **amantes** : 연인
아만떼쓰

명 **nieto** : 손자
니에또

동 **caerse** : 떨어뜨리다
까에르쎄

부 **finalmente** : 마지막으로
피'날멘떼

동 **bromear** : 농담하다
브로메아르

흥!

그럼, 나 여기 **estar de pie** 해 있을 테니까 잘 찍어라~?

필름 너무 안 아껴도 돼!

어엉...

어떻게 찍냐면, 음... 그래! 마치 **cuento infantil** 속에 나오는 요정처럼 찍어줘~

...응... 나만 믿어···!

그럼 찍는다~!

요정? 놀고 있네! 내 저걸 그냥!

참아...

오케이!

Cómo soy? 나 요정 같아? 귀여워?

으... 응, 요정까진 아니고 **linda** 한 것 같기는 해

난 잠시 바람 좀 쐬고 올게···

찰칵! 찰칵! 찰칵!

비틀비틀

그런데 **cara**가 좀 딱딱한 것 같다! 긴장했어? 좀 더 자연스럽게 **sonreír** 해봐!

으응? 더 자연스럽게?

이렇게?

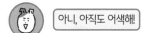
아니, 아직도 어색해!

relajar 하란 말이야! 심호흡해 볼래?

후우... 이··· 이렇게?

우냐! 무슨 **triste** 한 일이라도 있었어!?

저게!

📖 **estar de pie** : 서다
에스따르 데 삐에

📖 **cuento infantil** : 동화
꾸엔또 인판띨

📖 **Cómo soy?** : 나 어때?
꼬모 쏘이?

📖 **lindo** ♂ **linda** ♀ : 귀여운
을린도 / 을린다

📖 **cara** : 얼굴
까라

📖 **sonreír** : 미소 짓다
쏜르~에이르

📖 **relajar** : 긴장을 풀다
르~엘라하르

📖 **triste** : 슬픈
뜨리쓰떼

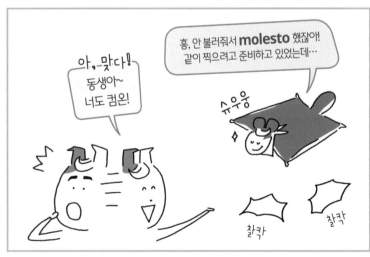

¡Diga patata! : 치즈!	sacar : 찍다	guapo ♂ guapa ♀ : 잘생긴	terrible : 끔찍한
디가 빠따따!	사까르	구아뽀 / 구아빠	떼르~이블레

molesto ♂ molesta ♀ : 속상한	hermano : 남자 형제
몰레쓰또 / 몰레쓰따	에르마노

naturalmente : 자연스럽게 나뚜랄멘떼	**feo** ♂ **fea** ♀ : 못생긴 페ᶠ오 / 페ᶠ아	**seriamente** : 진지하게 쎄리아멘떼	**sangre** : 피 쌍그레

짠~ 이건 트레비 분수야. 로마에 있는 바로크 양식의 분수 중 **más** 큰 규모를 자랑하고 있지.

바로크 양식? **eso**가 뭐야. 먹는 건가?

아, 바로크라~

바로크란 서양 예술의 대표적 표현 양식 중 하나야.

응? 무슨 말 했어?

아, 아무것도 아냐...

미술이나 건축, 음악 등 여러 **arte** 분야에 있어서 굉장히 역동적이고 극적인 효과를 나타내는 특징이 있어.

한 마디로 과장이 심해!!

표현 양식은 바로크 외에 로마네스크, 고딕, 로코코 등이 존재하고 있지.

하지만, 사실 이곳은 그런 것보다 **moneda** 던지기로 더 많이 알려진 곳이야.

🔸más : 가장, 더
마쓰

📘eso : 그것
에쏘

📗arte : 예술
아르떼

📗moneda : 동전
모네다

동전 던지기?
알았다!
소원 비는 거구나!

후훗 맞아!
여기서 분수를 향해 동전을
tirar 하면 소원이 이루어진대!

우쭈쭈~
inteligente 한
우리 애기!

흥, 누가 그걸 몰라서
물어봤나...

쓰담
쓰담

배시시

그냥 **dondequiera** 에 있는
흔한 설정이라 실망했을 뿐이지.

흥, 다른 곳이랑은
totalmente 다르거든?
여기선 동전을 던지는 방법이
정해져 있단 말이야.

설마
질투..?

우선 분수를 등지고,
오른손에 동전을 쥔 다음,
왼쪽 **hombro** 너머로 던져야
소원이 이루어진다고.

그리고 던지는 횟수에
따라 동전이 의미하는
소원의 내용이 달라져.

소원의 내용?

그래,
동전을 **una vez** 던지면
로마에 다시 돌아오게 되고

Return to
Rome

dos veces 던지면
바라던 사랑이 이루어지게 되고

📖 **tirar** : 던지다
띠라르

📖 **inteligente** : 영리한
인뗄리헨떼

📖 **dondequiera** : 어디든지
돈데끼에라

📖 **totalmente** : 완전히
또딸멘떼

📖 **hombro** : 어깨
옴브로

📖 **una vez** : 한 번
우나 베쓰

📖 **dos veces** : 두 번
도쓰 베쎄쓰

tres veces : **세 번** 뜨레쓰 베쎄쓰	**muy** : **매우** 무이	**atraer** : **이끌다** 아뜨라에르	**dar** : **주다** 다르

muchas veces : **여러 번, 몇 회** 무차쓰 베쎄쓰	**Es embarazoso.** : **부끄럽다.** 에쓰 엠바라쏘쏘.

여기는 말이지!
어, 잠시만~
이게 뭐였냐면 말이지…

판테온.

판테온(pantheon) 이란 모든 신을 위한 신전이라는 뜻을 가진 그리스 **lengua**,
판테이온(Π νΘειον) 으로부터 유래된 이름으로 고대 로마 시절,
로마에 존재하는 모든 신을 모시기 위해 지은 신전이지.

Πάνθειον

현존하는 고대 로마 유적 중 가장 **perfecta** 한
형태로 남아있어서 역사적 **valor**가
상당한 곳이기도 해.

응? 왜 그렇게
extraña 한 얼굴로 쳐다봐?

오예.
흑역사 겠

아, 아니. 네가 어떻게
알고 있는 거야?

당장 지워라.

명 lengua : 언어
을렝구아

형 perfecto ♂ perfecta ♀ : 완벽한
뻬르펙ᶠ또 / 뻬르펙ᶠ따

명 valor : 가치
발로르

형 extraño ♂ extraña ♀ : 이상한
엑쓰뜨라뇨 / 엑쓰뜨라냐

어떻게 알고 있냐…고?

파칭!!

파칭!!

그것이 궁금해 물으신다면!

responder 해 드리는 게 인지상정!

합!! ◇

합!!

학창 시절, **lección** 시간만 되면 펜을 놓게 했던 언외수 과목과 달리!

가슴 뛰는 마음으로 공부했던 **única** 과목!

인간 사회의 변천과 흥망의 과정!

그 모든 **evento**들의 기록이 담겨있는 지혜의 산물!

그것은 바로바로~ 세계의 **historia**!

그리고 무얼 **esconder** 하랴! 내가 바로 역사 덕~후~~!!

빠밤!!

조용~

짝짝짝짝!!

크흠! 뭐, 나름 세계사에 대해 **estudio** 하다 보니 이런 지식도 쌓이게 됐다~ 이 말씀이지!

오호, 오호!

📖 **responder** : 대답하다
르~에쓰뽄데르

📖 **lección** : 수업
올렉씨온

📖 **único** ♂ **única** ♀ : 유일한
우니꼬 / 우니까

📖 **evento** : 사건
에벤또

📖 **historia** : 역사, 이야기
이쓰또리아

📖 **esconder** : 숨기다
에쓰꼰데르

📖 **estudio** : 공부
에쓰뚜디오

명 tonto ♂ tonta ♀ : 바보
뚠또 / 뚠따

부 por cierto : 그건 그렇고
뽀르 씨에르또

명 precio de la entrada : 입장료
쁘레씨오 데 올라 엔뜨라다

명 taquilla : 매표소
따끼야

부 allí : 저기
아이

우와~ 뭐야? 빛이 쏟아져 내리고 있어. 너무 예쁘다~

일광욕하기 딱 좋겠다!

응? 아하~ 저 **techo**에 있는 동그란 창문에서 들어오고 있는 거구나~
뭐랄까, 이렇게 보고 있으니까 마치 **pequeño** 한 태양 같다.

흐아아… 따사로워!

태양 맞아.

뭐래… **aquel**이 무슨 태양이야.
그냥 동그란 구멍이잖아. 누굴 호구로 아나.

아니… 저 반구 형태의 천장은 완벽한 균형을 이루고 있는 우주를 상징하고
네가 말한 저 **grande** 한 구멍은 오쿨루스라고 해서 행성의 중심인 태양을 상징하거든.

어떻게 보면 지금 우리가 있는
이 **espacio**는 또 하나의
우주라고도 할 수 있지.

호오~ **Ya veo.**
그럼 우리 지금 우주 속에 있는 거네?

뭔가 기분이
묘한데!?

후후, 그리고 옛날 이곳에는
이런 공간에 어울리는 신들의
escultura들이 있었다고 해.

圄 **techo** : 천장
떼초

웹 **pequeño**♂ **pequeña**♀ : 작은
뻬께뇨 / 뻬께냐

때 **aquel**♂ **aquella**♀ : 저것, 저
아껠 / 아께야

웹 **grande** : 큰
그란데

圄 **espacio** : 공간, 우주
에쓰빠씨오

圄 **Ya veo.** : 그렇구나.
야 베오.

圄 **escultura** : 조각품
에쓰꿀뚜라

명 dios : 신
디오스

명 historia : 이야기, 역사
이쓰또리아

부 bien : 잘
비엔

부 igualmente : 동일하게
이구알멘떼

동 oír : 듣다 (hear)
오이르

형 diferente : 다른
디페ㄹ렌떼

명 montaña : 산
몬따냐

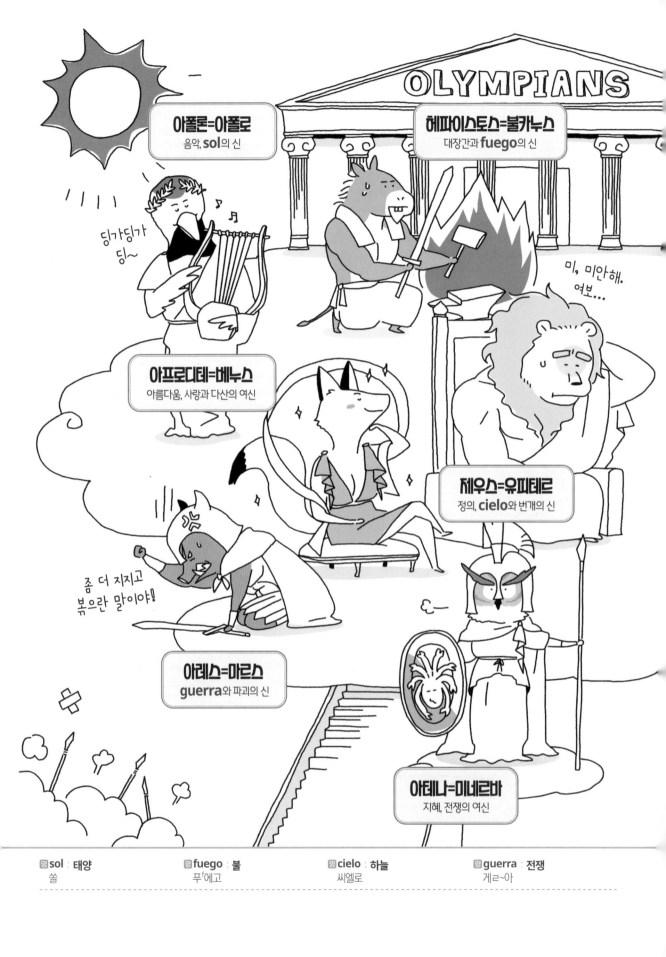

명 **sol** : 태양
쏠

명 **fuego** : 불
푸「에고

cielo : 하늘
씨엘로

명 **guerra** : 전쟁
게르~아

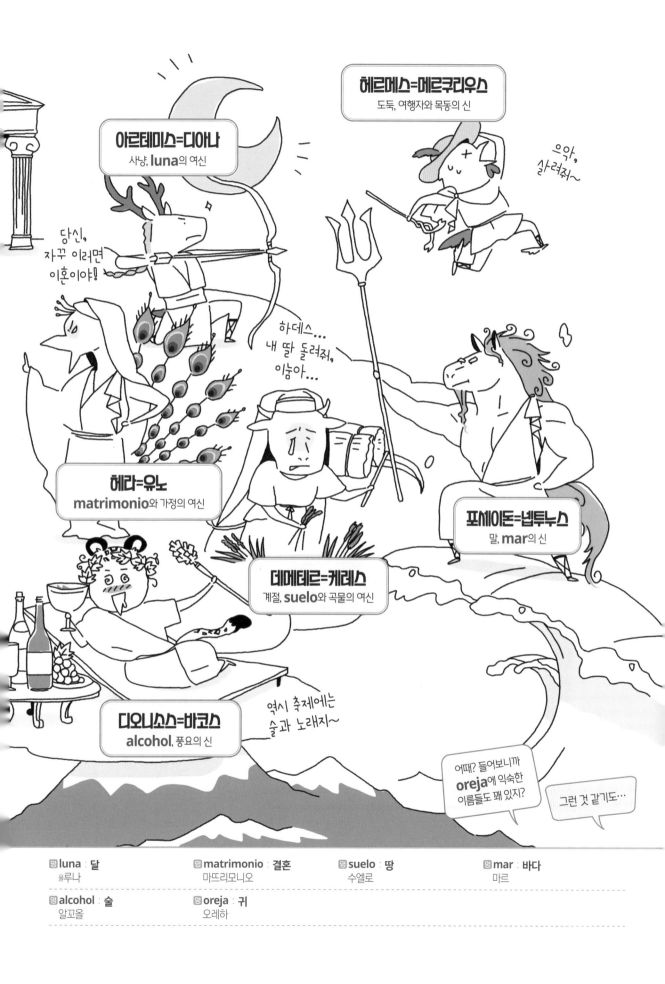

명 **luna** : 달
올루나

명 **matrimonio** : 결혼
마뜨리모니오

명 **suelo** : 땅
수엘로

명 **mar** : 바다
마르

명 **alcohol** : 술
알꼬올

명 **oreja** : 귀
오레하

판테온은 **al principio** 이러한 신들을 기리기 위한 목적으로 지어졌지만 시간이 흘러 가톨릭 성당으로 변모하면서

동로마 황제가 교황에게 넘겨주었지.

기존에 있던 로마의 신을 상징하는 모든 것들이 철저하게 훼손되었어.

유일신을 **creer** 하는 가톨릭 입장에서 그들은 미신이랑 다를 바 없었으니까.

응? 쟤네 뭐 하는 거야?

저기 **pared**을 따라 일정한 간격으로 움푹 파여 있는 공간들 보이지?

저 **dentro**는 현재 가톨릭 성자들의 모습을 형상화한 조각품들이 있지만 **pasado**에는 유피테르, 베누스, 마르스와 같은 주신들의 조각품이 있었을 거라고 해.

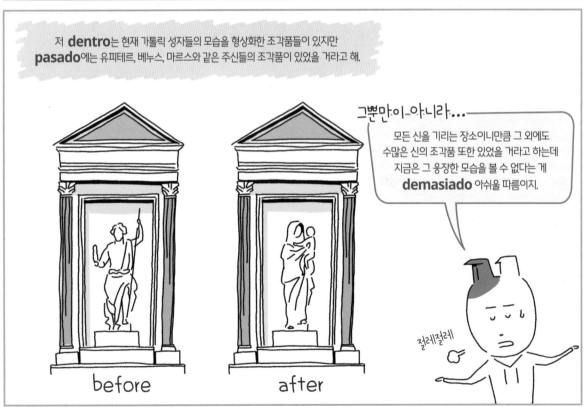

before

after

그뿐만이 아니라...

모든 신을 기리는 장소이니만큼 그 외에도 수많은 신의 조각품 또한 있었을 거라고 하는데 지금은 그 웅장한 모습을 볼 수 없다는 게 **demasiado** 아쉬울 따름이지.

절레절레

---

al principio : 처음에는
알 쁘린씨삐오

creer : 믿다
끄레에르

pared : 벽
빠렏

dentro : 안에
덴뜨로

pasado : 과거
빠싸도

demasiado ♂ demasiada ♀ : 너무
데마씨아도 / 데마씨아다

르네상스 시대 이래로
이곳은 로마의 주요 인물들을 위한
무덤으로도 사용되었어.

그 시대를 대표하는 **genio** 화가
라파엘로의 무덤도 이곳에 있지.

짜잔! 바로 여기야.

그는 생전에 이 신전을
mundo에서 가장 아름답고
완벽한 건물이라고 칭했어.

그래서 자신이 언젠가 죽게 되면
이곳에 묻히길 간절히 **esperar** 했는데,
그 소원은 더할 나위 없는 형태로 이루어졌지.

(잠시 무념)

하, 완벽해.
죽어서도 저기에
가고 싶다.

그리고, 이곳은 현재까지도
가톨릭 성당으로 사용되고 있어서 일요일이 되면
en realidad 미사가 열리기도 하고

주요 종교행사나 **boda**와
같은 기념행사가 행해지기도 해.

명 **genio** : 천재	명 **mundo** : 세계	동 **esperar** : 바라다	부 **en realidad** : 실제로
헤니오	문도	에쓰뻬라르	엔 르~에알리닫

명 **boda** : 결혼식
보다

⑤casarse : 결혼하다
까싸르쎄

⑤solo ♂ sola ♀ : 혼자
쏠로 / 쏠라

⑤entusiasmado ♂ entusiasmada ♀ : 흥분한
엔뚜씨아스마도 / 엔뚜씨아스마다

⑲lluvia : 비
유비아

⑲ciencia : 과학
씨엔씨아

명 dos personas : 두 사람
도쓰 뻬르쏘나쓰

부 fuera : 밖으로
푸'에라

명 almuerzo : 점심 식사
알무에르쏘

명 medicamento : 약
메디까멘또

이건… 굳이
말 안 해도 알지?

당연하지~
콜로세움이잖아.

원형으로 만들어진 극장이자 경기장으로,
당시 유행하던 **obra de teatro**를
관람할 수 있는 장소였을 뿐만 아니라
검투사와 맹수들의 혈투로
언제나 피비린내가 진동하던 곳이었지.

떡 하나 주면
안 잡아먹지~!

todos los días 사람들의 발길이
끊이지 않는 핫한 장소였다고!

알겠니,
동생아?

???

안 물어봤는데?

뭐, 지금은 보다시피 **original** 형체 중 3분의 1밖에 남아있지 않아
먼 옛날에 보였을 **increíble** 한 모습은 온데간데없지만,

오~ 역시
잘 알고 있네.

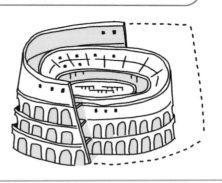

명 **obra de teatro** : 연극
오브라 데 떼아뜨로

부 **todos los días** : 매일
또도쓰 올로쓰 디아쓰

형 **original** : 원래의
오리히날

형 **increíble** : 경이로운
인끄레이블레

당시엔 로마를 상징하는 최고, 최대의 건축물이기도 했지.

사실, 원형경기장은 여기 외에도 이탈리아 곳곳에 존재하고 있어. 하지만 그것들의 대부분은 도시 외곽 지역에 있는 것과 **diferentemente** 콜로세움은 특이하게도 이렇게, 시내 한복판에 있지.

궁금했지, 애기야?

안 궁금했는데?

그 이유는..

원래 이 자리에 있던 네로 황제의 황금 궁전을

불쑥!

베스파시아누스 황제가 허물어 버리고 그 위에다가 콜로세움을 **construir** 했기 때문이야.

지나갑니다, 가요~

네로 황제 집권 시절, 이 지역은 로마 시민들의 주거지가 모여 있는 도시였는데, 어느 날 큰 화재가 **suceder** 해서 도시의 3분의 2 규모가 모두 잿더미로 변하고 말았어.

이후, 네로 황제는..

시민들의 주거지역을 되살리기는커녕 땅을 모조리 몰수했고!

불쑥!

diferentemente : 다르게
디페'렌떼멘떼

construir : 건설하다
꼰쓰뜨루이르

suceder : 발생하다
쑤쎄데르

oro로 도배된 초호화 건축물인 황금 궁전을 지어 자신 개인의 소유물로 삼아버렸지. 그것도 시민들에게서쥐어짜 낸 **impuesto**로 말이야.

이를 위해 네로가 일부러 방화를 **actuar** 했다는 설도 있어.

다 태워버리고 내 땅으로! 하하!!

네로의 이런 **exigente** 한 정책은 결국 로마 전역에 폭동을 유발하기에 이르렀고,

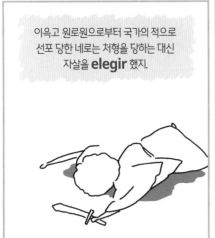

이윽고 원로원으로부터 국가의 적으로 선포 당한 네로는 처형을 당하는 대신 자살을 **elegir** 했지.

그 후, **soldado**였던 베스파시아누스라는 인물이 새로운 황제로 추대되었는데

서기 72년, 그는 황금 궁전을 허물고 공공시설물인 콜로세움을 건설하기 시작함으로써,

꾸욱!

아얏.

폭군 네로가 시민들로부터 빼앗다시피 한 땅을!

으헉!

시민들에게 다시 **devolver** 해준 거야!

으앗!!

명 **oro** : 금
오로

명 **impuesto** : 세금
임뿌에쓰또

동 **actuar** : 행동을 취하다
악뚜아르

형 **exigente** : 강압적인
엑씨헨떼

명 **elegir** : 선택하다
엘레히르

명 **soldado** : 군인
쏠다도

동 **devolver** : 반납하다
데볼베르

📖 **Este es el diálogo.** : 내가 할 말이다.
에스떼 에쓰 엘 디아로고.

📖 **saber** : 알다
싸베르

📖 **toda la noche** : 밤새
또다 울라 노체

📖 **explicar** : 설명하다
엑쓰쁠리까르

📖 **apostar** : 걸다
아뽀쓰따르

📖 **querer** : 원하다
께레르

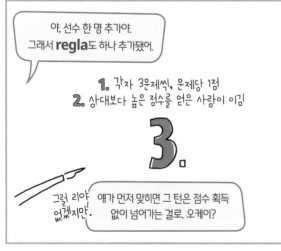

📙 **quemar** : 불타다
께마르

🔵 **cuál** : 어떤
꾸알

📙 **mayor** : 더 큰
마요르

📗 **competencia** : 경쟁
꼼뻬뗀씨아

📗 **regla** : 룰
르~에글라

📙 **entusiasmado** ♂ **entusiasmada** ♀ : 흥분한
엔뚜시아스마도 / 엔뚜시아스마다

명 gimnasio : 체육관
힘나씨오

명 lápiz : 연필
울라삐쓰

부 primero : 먼저
쁘리메로

문 Después de ti. : 먼저 하세요.
데쓰뿌에쓰 데 띠.

명 hijo : 아들
이호

명 festival : 축제
페ᶠ쓰띠발

형 varios ♂ varias ♀ : 다양한
바리오쓰 / 바리아쓰

당시 축제 프로그램에는 우리가 알고 있는 검투사 대결이나 **animal** 사냥 말고도

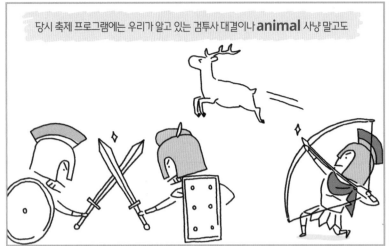

이 프로그램이 있어 그야말로 **gran** 한 성황을 이루었다고 하는데.

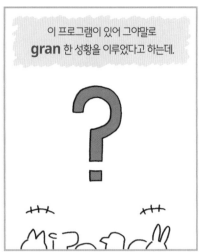

자! 여기서 문제야!
내가 말한 프로그램의
이름과 그 내용은 뭘까?

○ ○ ○ ○ ○

exactamente 하게
답해야 해!

횟! 너무 **simple** 한
문제 아냐? 정...

정답!

뻑!?

호오~ 엄청 **rápido** 한데?
그래서 정답은!?

나우마키아!

설마 맞히겠,
으응!!?

나우마키아는 콜로세움 내부에서 치러진 모의 해상 전투야!
수로를 통해 끌어온 **mucha** 한 물을 콜로세움 지하에서부터
가득 채워 넣고 그 위에 배를 띄워서 결투를 벌인 거지!

와아아

명 **animal** : 동물 아니말	형 **gran** : 엄청난 그란	부 **exactamente** : 정확하게 엑싹따멘떼	형 **simple** : 쉬운 씸쁠레
형 **rápido** ♂ **rápida** ♀ : 빠른 르~아삐도 / 르~아삐다	형 **mucho** ♂ **mucha** ♀ : 많은 무초 / 무차		

어떤 방법으로 경기장 안에 **llena** 한 물을 새어 나가지 않게 막을 수 있었는지, 어떻게 군함을 경기장 안으로 들여올 수 있었는지 등은 **todavía** 베일에 감춰져 있지만.

어쨌든! 이 모의 해전은 원래 전쟁 승리를 **celebrar** 하던 행사였는데

나중에는 범죄자와 노예들을 배에 태워서

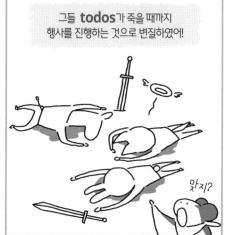

그들 **todos**가 죽을 때까지 행사를 진행하는 것으로 변질하였어!

맞지?

정답!!

아~주 정확했어! 퍼펙트!

헷, 문제의 **nivel**이 너무 낮았어!

짝!

후후, 이 패배자 녀석! 넌 선취점을 얻을 **oportunidad**을 훗! 하고 거만 떨다가 퓽~ 하고 날려버린 거야!

....

...훗!

까딱 까딱

크읏, 분하다... 설마 저 땅꼬마 녀석이 알고 있을 줄이야..!

후우~ 진정하자... 이번에 엄청 **duro** 한 문제를 내서 못 맞히게 하면 돼!

뭐해? 네 차례야.

刑**lleno** ♂ **llena** ♀ : **가득 찬**
예노 / 예나

刪**todavía** : **아직껏**
또다비아

刵**celebrar** : **기념하다**
쎌레브라르

刪**todos** : **모두**
또도쓰

刑**nivel** : **수준**
니벨

刑**oportunidad** : **기회**
오뽀르뚜니닫

刑**duro** ♂ **dura** ♀ : **어려운, 단단한**
두로 / 두라

빠릿!

좋았어…
문제 낼게!

드루와!
드루와!

나우마키아가 콜로세움에서 호황을 누린 프로그램인 건 **verdad**이야.

pero!

캬, 역시
최고야!

뭐니 뭐니 해도 콜로세움의 하이라이트는 검투사들의 결투였지.
검투사들의 신분은 대부분 전쟁포로 출신의 노예였어.

죄인도
있었지.

이들은 피비린내 나는 투기장에서 **sobrevivir** 하기 위해
눈앞에 있는 상대와 그야말로 필사적으로 **pelear** 했을 거야.

그러나, 결투란 건 어찌 됐든
승자와 패자가 갈리게 되어 있는 법!

결투에서 승리한 승자는 노예 신분에서 벗어나 **libertad**의 몸이 될 수 있었지만,
패자는 황제에 의해 그 즉시 **vida**와 **muerte**가 정해졌어.

WIN   LOSE

흠, 이놈을
어떻게 할까나~?
살려? 죽여?

圐**verdad** : 사실
베르닫

圙**pero** : 그러나
뻬로

圐**sobrevivir** : 살아남다
쏘브레비비르

圐**pelear** : 싸우다
뻴레아르

圐**libertad** : 자유
율리베르딷

圐**vida** : 생
비다

圐**muerte** : 죽음
무에르떼

황제가 엄지손가락을 치켜세우면 **vivir** 하고, 밑으로 내리면 꼼짝없이 죽는 것이었는데
여기서 웃긴 건 황제의 판결이 **público**가 요구하는 대로 정해졌다는 점이야.

대중들은 패자가 **valientemente** 하게 싸웠다는 생각이 들면
엄지손가락을 치켜세우며 미테(살려 줘라)! 미테(살려 줘라)! 라고 외쳤고,

패자가 비겁하게 굴었다고 생각되면 엄지를 아래로 향하며
이우굴라(죽여라)! 이우굴라(죽여라)! 라고 **gritar** 했어.

때문에, 황제는 결투에서 진 검투사가
personalmente 마음에 들어 살리고 싶어도

대중들이 **matar** 하기를 요구하면 어쩔 수 없이 죽음을 선고해야만 했지.

vivir : 살다 비비르	**público** : 대중 뿌블리꼬	**valientemente** : 용감하게 발리엔떼멘떼	**gritar** : 외치다 그리따르
personalmente : 개인적으로 뻬르쏘날멘떼	**matar** : 죽이다 마따르		

이는 제 아무리 황제라 할지라도 독선적으로 **comportamiento** 할 수 없을 만큼 황제보다 로마 시민들이 가진 권력이 **mayor** 했다는 걸 보여주지.

수틀리면 폭동을 일으킬 수도 있거든.

잠깐! 말 끊어서 미안한데…

응?

도대체 문제는 언제 낼 거야…?

쉿! 가만히 있어! 이제 곧 나와.

그리고 사실, 검투사가 꼭 노예처럼 신분이 **bajo** 한 사람들로만 구성되어 있었던 건 아니야.

자유 시민 중에서도 검투사를 **trabajo**로 삼아 살아가는 사람들이 있었어.

이기면 해방이지만 지면…

내가 바로 전문 검투사!

왜냐, 검투사로서 계속 승리해나간다면 부와 **honor**를 동시에 거머쥘 수가 있었거든.

además! 당대 제일가는 스타 검투사라도 되면 그야말로 인기가 하늘 높이 치솟아 여자들이 돈을 내가면서까지 만나려고 했어.

자자, 줄 서세요! 악수 한 번에 백만 원!

으하하, 내가 먼저 만날 거야!

명 **comportamiento** : 행동
꼼뽀르따미엔또

형 **mayor** : 더 큰
마요르

형 **bajo** ♂ **baja** ♀ : 낮은, 키가 작은
바호 / 바하

명 **trabajo** : 직업
뜨라바호

명 **honor** : 명예
오노르

부 **además** : 게다가
아데마쓰

저기… 슬슬 문제 좀 내지?

그, 그렇다면! 여기서 문제!

서론이 왜 이렇게 길어.

돈을 내면서까지 스타 검투사들과 **encontrarse** 하려고 했던 당시 여자들은 심지어 그들의 땀으로 **hacer** 한 이것까지도 구매하여 사용했다고 하는데,

여기서 이것이란⁉?

내 땀이 곧 돈이야.

흠… 이런 얘기는 처음 들어보는데…? 비누…? 아니, 소금인…가? 내가 생각했지만 **sucio** 하네.

우웩

뻑!

정답! **perfume**! 이해는 안 되지만 몸에 바르고 다녔어!

헐…⁉?

저, 정답…!!

Oh, sí.~! 컴 온~!

우르르롸끼~!

데굴데굴데구르르
아, 아니. 쟤 도대체 정체가 뭐야! 아까부터 왜 이렇게 정답을 **fácilmente** 하게 맞혀!

모, 몰라. 지금 나도 **sorprendido** 한 거 안 보여…?

그것도 원샷원킬!

图**encontrarse** : 만나다, 찾다 엔꼰뜨라르쎄	图**hacer** : 만들다, 하다 아쎄르	图**sucio** ♂ **sucia**♀ : 더러운 쑤씨오 / 쑤씨아	图**perfume** : 향수 뻬르푸ᶠ메
图**Oh, sí.** : 앗싸! 오, 씨.	图**fácilmente** : 쉽게 파ᶠ씰멘떼	图**sorprendido** ♂ **sorprendida**♀ : 깜짝 놀란, 놀라운 쏘르쁘렌디도 / 쏘르쁘렌디다	

부 **a veces** : 때때로
아 베쎄쓰

부 **así que** : 그래서
아씨 께

부 **esta vez** : 이번에
에쓰따 베쓰

부 **profundamente** : 깊게
쁘로푼「다멘떼

명 **juego** : 놀이
후에고

형 **extranjero** ♂ **extranjera** ♀ : 외국의
엑쓰뜨란헤로 / 엑쓰뜨란헤라

이를 통해 로마 제국이 정복한 도시들을 시민들에게 환기함으로써 황제의 **poder**를 과시하려는 목적도 있었죠. 즉, 콜로세움이란 오락을 통해 황제와 시민들 간의 정치적 **comunicación**이 이루어지는 무대이기도 했던 것입니다.

캬, 역시 황제 폐하가 최고예요!!

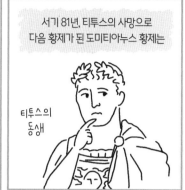

서기 81년, 티투스의 사망으로 다음 황제가 된 도미티아누스 황제는

티투스의 동생

이를 잘 **comprender** 하고 있었기에 콜로세움을 보다 화려한 공간으로 꾸미기에 앞장섭니다. 3층까지 지어져 있던 콜로세움을 4층까지 증축하여 **completamente** 하게 건설하는가 하면,

콜로세움 지하에 히포지움이라는 검투사들과 맹수들의 대기 공간을 설치하여 경기가 **comenzar** 하면 승강장치를 통해 그들을 차례차례 경기장으로 올려보냄으로써 전에 없던 극적이고 박진감 넘치는 **espectáculo**를 연출하기도 하고,

드디어 시작합니다! 검투사 입장!!

야간 경기를 주최하여 **día**와는 180도 다른 분위기를 즐길 수 있도록 하는 등, 기존에는 없던 **nueva** 한 무대 연출을 시도해 시민들에게 크나큰 재미를 선사하였는데요.

역시 낮보다 밤이 재밌어.

형 **poder** : **힘**
뽀데르

명 **comunicación** : **의사소통**
꼬무니까씨온

통 **comprender** : **이해하다**
꼼쁘렌데르

부 **completamente** : **완전히**
꼼쁠레따멘떼

통 **comenzar** : **시작하다**
꼬멘싸르

명 **espectáculo** : **쇼**
에쓰뻭따꿀로

명 **día** : **낮, 하루**
디아

형 **nuevo** ♂ **nueva** ♀ : **새로운**
누에보 / 누에바

빠밤! 여기서 문제입니다!
콜로세움의 정식 명칭은
플라비우스 원형 **teatro**라고 합니다.

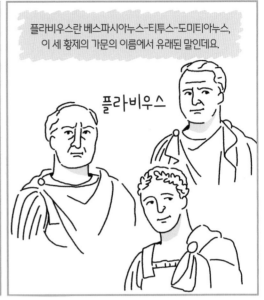

플라비우스란 베스파시아누스-티투스-도미티아누스,
이 세 황제의 가문의 이름에서 유래된 말인데요.

플라비우스

그렇다면, 콜로세움이란 이름은
도대체 어디서 유래된 말일까요?

콜로세움=?

엥? 뭐야! 앞 얘기랑은
totalmente 상관없는 문제잖아!

삐삐삐삐
삐삐삐삐삐!
정답! 정답!

훼이크다,
이 녀석아!

그리고 아직 문제 내는
도중이거든. 샷따 마우스!

예... 옙.

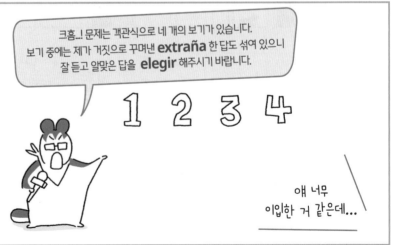

크흠...! 문제는 객관식으로 네 개의 보기가 있습니다.
보기 중에는 제가 거짓으로 꾸며낸 **extraña** 한 답도 섞여 있으니
잘 듣고 알맞은 답을 **elegir** 해주시기 바랍니다.

1 2 3 4

얘 너무
이입한 거 같은데...

명 **teatro** : 극장
떼아뜨로

부 **totalmente** : 완전히
또딸멘떼

형 **extraño** ♂ **extraña** ♀ : 이상한
엑쓰뜨라뇨 / 엑쓰뜨라냐

동 **elegir** : 선택하다
엘레히르

Q 콜로세움이란 명칭은 어디서 유래된 말일까요?

A1. 근처에 흐르고 있는 '콜로라도 **río**'로부터!

A2. 황금 궁전 앞에 있던 '콜로서스 네로니스'라는 네로의 거상으로부터!

A3. 당시 인기 **fútbol** 클럽이었던 '콜로-콜로'로부터!

A4. 거대하다는 뜻의 라틴어 '콜로살레'로부터!

삡! 정답! 4번!

삡!? 정답! 2번!

너 무슨 강백호가 농구 관두고 **tenis**하는 소릴 하고 앉았어. 당연히 2번이지.

너야말로 뭔 서태웅이 **baloncesto**랑 **vóleibol** 투잡 뛰는 소릴 하고 있어. 4번인데.

응? 우리가?

스페셜 출연

야, 라틴어에서 유래됐다는 건 어디까지나 가설일 뿐이거든?

맞지 동생아?

그건 그렇지. 그것도 그래.

얼씨구, 그렇게 따지면 네 답도 마찬가지거든? **claramente** 밝혀진 건 아니잖아?

맞지 애기야?

몡 **río : 강**
르~이오

몡 **fútbol : 축구**
풋볼

몡 **tenis : 테니스**
떼니쓰

몡 **baloncesto : 농구**
발론쎄쓰또

몡 **vóleibol : 배구**
볼레이볼

톤 **claramente : 분명하게**
끌라라멘떼

뭐라는-거야!
presente는 동상에서 따왔다는 게 기정사실인데!

이의 있음!

누가 그랬는데!
어디 **específico** 한 자료라도 있어? 가져와 봐!

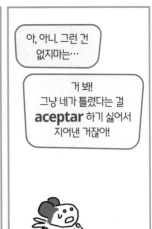

아, 아니. 그런 건 없지마는…

거 봐!
그냥 네가 틀렸다는 걸 **aceptar** 하기 싫어서 지어낸 거잖아!

아아! 그만 됐어! 문제 낸 사람한테 **preguntar** 해보면 끝날 일이잖아!!

그래, 이놈아! 물어보자, 어디!!

흠칫!

얏! 2번, 4번 중에 **cuál**이 정답이야?

어, 어?

히끅

너, 너희 **ambos** 다 정답이야… 난 둘 다 맞는 말이라고 생각해서 같이 낸 거였거든…

히끅

2 ○ 4 ○

뭐야~ 그런 거였어?

근데… 왜 잘 놀다가 갑자기 **pelea**는 하고 난리야~

어, 어? 야. 너야말로 왜 갑자기 **llorar** 하고 그래~

아이고…
우리가 서로 옥박질러서 무서웠나 봐. 어떡하지…?

그만 싸우고 어서 **reconciliar** 해~

흐, 후에에에엥~

명 **presente** : 현재
쁘레센떼

형 **específico** ♂ **específica** ♀ : 구체적인
에쓰뻬씨피'꼬 / 에쓰뻬씨피'까

동 **aceptar** : 받아들이다
아쎕따르

동 **preguntar** : 묻다
쁘레군따르

의 **cuál** : 어느 것
꾸알

대 **ambos** ♂ **ambas** ♀ : 둘 다
암보쓰 / 암바쓰

명 **pelea** : 싸움
레아

동 **llorar** : 울다
요라르

동 **reconciliar** : 화해하다
레꼰씰리아르

discutir : 말다툼하다
디쓰꾸띠르

cariñoso ♂ cariñosa ♀ : 사랑스러운
까린뇨소 / 까린뇨사

abrazar : 껴안다
아브라싸르

besar : 키스하다
베싸르

música : 음악
무씨까

명danza : 춤
단싸

명discoteca : 클럽
디쓰꼬떼까

명pareja : 커플, 파트너
빠레하

명loco ♂ loca ♀ : 미친
을로꼬 / 을로까

형 **especial** : **특별한**
에쓰뻬씨알

부 **recientemente** : **최근에**
ㄹ~에씨엔떼멘떼

동 **imaginar** : **상상하다**
이마히나르

형 **creativo** ♂ **creativa** ♀ : **창조적인**
끄레아띠보 / 끄레아띠바

형 **ayer** : **어제**
아예르

형 viejo ♂ vieja ♀ : 늙은
비에호 / 비에하

명 accidente : 사고
악씨덴떼

명 colega : 동료
꼴레가

부 ya : 이미
야

형 serio ♂ seria ♀ : 심각한
쎄리오 / 쎄리아

형 positivo ♂ positiva ♀ : 긍정적인
뽀씨띠보 / 뽀씨띠바

형 negativo ♂ negativa ♀ : 부정적인
네가띠보 / 네가띠바

동 odiar : 미워하다
오디아르

图**dañar** : 다치게 하다
다냐르

图**perdonar** : 용서하다
뻬르도나르

때**nadie** : 아무도
나디에

图**sorprendido** ♂ **sorprendida** ♀ : 놀라운, 깜짝 놀란
쏘르쁘렌디도 / 쏘르쁘렌디다

里**correctamente** : 옳게
꼬르~엑따멘떼

에잉, 쯔쯧...
이 **estúpido** 한 사람아.
두 눈은 도대체 왜 달고 다니나?

이런 **maravilloso** 한 광경을
눈앞에 두고도 그딴 말이나 지저귀다니...

후... 이래서 사람은
배워야 하는 걸세.

도리도리

빠직

왠지 기분 나쁜데.

흠... 내 비록 바쁜 몸이긴 하나,
잠시 짬을 내어 저들의 춤이
왜 굉장한 건지 알려주도록 하겠네.

뭐, 강의료는 **cobrar** 하지
않을 테니 안심하고 들게나.

네...네에?

껄껄껄

나 참, 요새 **joven** 한 놈들에겐
도무지 농담이 안 통하는구먼.

이게 말로만 듣던
세.대.차.이?

...에흠!
먼저, 저 여자의 춤을
한번 자세히 보시게.
그녀에게서 무언가
연상되지 않는가?

형 **estúpido** ♀ **estúpida** ♂ : 어리석은
에쓰뚜삐도 / 에쓰뚜삐다

형 **maravilloso** ♀ **maravillosa** ♂ : 아주 멋진
마라비요쏘 / 마라비요싸

동 **cobrar** : 청구하다
꼬브라르

형 **joven** : 젊은
호벤

명 **control** : 조종 꼰뜨롤	명 **nube** : 구름 누베	동 **romper** : 깨뜨리다 르~옴뻬르	형 **inexistente** : 존재하지 않는 인엑시스뗀떼
명 **nota** : 메모, 공책 노따	명 **hermana** : 여자 형제 에르마나		

초딩

autoritaria 한 성격을 가진 언니는 어려서부터 사사건건 그녀에게 명령했을 거야.

얘, 나 이제 잘 거니까 내 방으로 와서 불 좀 **apagar** 해! 빨리 안 와!?

그래서 저 여자는 언니에게서 벗어나 **libremente** 하게 살고 싶다고 생각하며 자랐을 것이고, 쌓이다 못해 넘쳐버린 그 마음이 지금 춤으로 나타나고 있는 게지.

고딩

엄마가 나보고 집 **limpiar** 하라고 했는데 귀찮으니까 네가 해! 빨리 안 해!?

대, 대단하시네요! 춤을 통해 그 사람의 인생까지 **adivinar** 하실 수 있는 건가요!?

헛소리 같은데…

직딩

이거 어제 산 물건인데 마음에 안 드니까 네가 가서 **reembolsar** 해 줘! 빨리 안 가!?

autoritario ♂ **autoritaria** ♀ : 권위적인
아우또리따리오 / 아우또리따리아

apagar : 끄다
아빠가르

limpiar : 청소하다
을림삐아르

reembolsar : 환불하다
르~에엠볼싸르

libremente : 자유롭게
을리브레멘떼

adivinar : 추측하다
아디비나르

이쯤이야, 뭘. 나만큼 **carrera**를 쌓으면 자네도 자연스레 할 수 있게 될 걸세.

저, 정말인가요~!?

멍~

자네! 한눈팔지 말고 이번엔 저 남자를 한번 보시게나. 그에게선 무엇이 연상되는가?

서, 성가셔~

음… 박람회에서 자신 있게 선보인 모 벤처기업의 로봇이 그날따라 **error**를 일으켜 삐거덕거리는

삐릿, 삐리릿!

옳지! 이번엔 바로 보았네! 그는 마치 로봇, 즉 **máquina**와도 같은 정밀한 움직임을 보여주고 있잖나!

껄껄껄

그것이 밑바탕에 깔려있기 때문에 **pareja**의 저런 불규칙한 움직임에도 모두 대응할 수 있는 거라네!

우와아아아아아!

훗, 저런 움직임을 몸에 새기기 위해 그가 얼마나 춤을 **practicar** 했을지… 눈에 아주 선하구먼.

혼자서 북 치고 장구 치고 앉아있네…

명 **carrera** : **경력**
까르~에라

명 **error** : **오류**
에르~오르

명 **máquina** : **기계**
마끼나

명 **pareja** : **파트너, 커플**
빠레하

명 **practicar** : **연습하다**
쁘락띠까르

图 **continuar** : 계속하다
꼰띠누아르

图 **agradecer** : 감사하다
아그라데쎄르

명 **enfermero** ♂ **enfermera** ♀ : 간호사
엔페ˈ르메로 / 엔페ˈ르메라

부 **siempre** : 매번
시엠쁘레

동 **volver** : 되돌아가다
볼베르

명 **esa persona** : 저분, 그분
에싸 뻬르소나

...어휴, 또 길 가는 사람 아무나 **atrapar** 하고서 말도 안 되는 헛소리를 늘어놓으셨나 보네요.

댄서는 무슨, 저 사람 원래 전봇대 수리하는 **técnico**인데 생활고에 시달리다 못해 결국 도둑질하려고 남의 집 **tejado** 위에 올라가다가

고양이 울음소리에 깜짝 놀라 밑으로 **caerse** 해서 입원하신 분이에요.

그때 다리랑 같이 머리도 다쳤는지 지금은 정신이 좀 오락가락하는 **paciente**니까…

자네들! 뭐 하고 있는 게야! 보고만 있지 말고 나 좀 **ayudar** 해주시게!

한 귀로 듣고 흘려버리세요.

어, 어이! **ignorar** 하는 게야?

---

atrapar : 잡다
아뜨라빠르

técnico ♂ técnica ♀ : 기술자
떼끄니꼬 / 떼끄니까

tejado : 지붕
떼하도

caerse : 떨어지다
까에르쎄

paciente : 환자
빠씨엔떼

ayudar : 돕다
아유다르

ignorar : 무시하다
익노라르

형 **loco** ♂ / **loca** ♀ : 미친
울로꼬 / 울로까

명 **nota** : 공책, 메모
노따

명 **hospital** : 병원
오쓰삐딸

대 **algo** : 무언가
알고

그리고 작년에 돌연 나타났다 훌쩍 사라져버린 그들을 추억하며
누가 먼저랄 것 없이, 사교댄스 **calle** 공연을 시작하였다.

...라!?

이 문화는 **año**를 거듭할수록 콜로세움 앞에서뿐만 아니라
로마에 존재하는 각 **lugar histórico**로 피져나가 어느 순간 대회마저 열리게 되었고,

경 76회 세계 프리댄스 경연 대회 개최 축

그 후로 약 이백 년 가까이 이어진 유서 **profundo** 한 대회는
세계에서 촉망받는 우수한 댄서들을 무수히 배출해 내었으며

이 **todo**의 시초가 된 이름도 알 수 없는
그들은 전설 속에 남아, 대회가 사라지는 그날까지
무수한 찬사를 받는 영광을 **obtener** 하게 되었다나
뭐라나. 끝.

...진짜냐...

명 **calle** : 거리 (street)
까예

명 **año** : 해 (year)
아뇨

명 **lugar histórico** : 유적지
울루가르 이쓰또리꼬

형 **profundo** ♂ **profunda** ♀ : 깊은
프로푼도 / 프로푼다

대 **todo** ♂ **toda** ♀ : 모든것, 전부
또도 / 또다

동 **obtener** : 얻다
옵떼네르

명 **tarde** : 저녁, 오후
따르데

명 **suficiente** : 충분한
쑤피f씨엔떼

형 **cansado** ♂ **cansada** ♀ : 피곤한
깐싸도 / 깐싸다

형 **sediento** ♂ **sedienta** ♀ : 목이 마르다
쎄디엔또 / 쎄디엔따

명 **café** : 카페, 커피
까페f

음, 아! 마침 저기 있네.
저기 가서 마시자.

오케이!
ㄱㄱ!

espresso

카페 도피오

café americano

카페 룽고

café con leche

cappuccino

카페 마키아토

카페 프레도

카페 마로키노

콘파나

네~

음… 너 먼저
주문해.

오케이~
저는요~

명 **espresso** : 에스프레소
에쓰쁘레쏘

명 **café americano** : 아메리카노
까페f 아메리까노

명 **café con leche** : 카페 라테
까페f 꼰 을레체

명 **cappuccino** : 카푸치노
까뿌치노

카푸치노 샷 하나만 추가해주시고요.
모카 **jarabe** 세 번, 헤이즐넛 네 번
nata 세 바퀴 얹고
canela en polvo 많이 뿌려주세요.

네?···
잘 못 들었습니다?

훗, 아르바이트
초짜인가 보네.
귀엽긴.

호호호
카페 도피오
두 잔 주세요.

어헴! 그러니까
카푸치노,
커헉!

퍼억!

내가 깜빡 잊고 말을 안 했네.
여기선 가향 시럽이 들어가는 커피는 취급하지 않아.
네가 좋아하는 **café con vainilla**나
café moca, 캐러멜 마키아토 같은 것들 말이야.

그리고, **así** 네 기호에 맞게 주문하려면
저기 스타벅X 같은 프렌차이즈 카페에나 가야 한다고.

STARBUCKX COFFEE

뭐, 애초에 이탈리아에는
프렌차이즈 카페가 **casi** 없긴 하지만.

근데 네가 주문한 도피오?
그건 뭐야?

아, 그냐. 몰랐네?
진작
말을 해주지.

쿨럭!

쓰읍, 갈비뼈
나간 거 아냐..?

켈록!

에스프레소
espresso doble야.
에스프레소에 샷 하나 추가한 거지.

예!? 난 카푸치노
먹고 싶었는데요!

명 **jarabe** : 시럽
하라베

명 **nata** : 휘핑크림
나따

명 **canela en polvo** : 시나몬 파우더
까넬라 엔 뽈보

명 **café con vainilla** : 바닐라 라테
까페f 꼰 바이니야

명 **café moca** : 카페 모카
까페f 모까

부 **así** : 그렇게
아씨

부 **casi** : 거의
까씨

명 **espresso doble** : 더블 샷
에쓰쁘레쏘 도블레

이탈리아에서는 점심 이후에 카푸치노나 카페라테처럼 **leche**가 들어간 커피는 마시지 않아.

principalmente 오전에만 먹기 때문에 이런 로컬 카페인 경우, **tarde**부터는 판매하지 않는 경우가 허다해.

아, 그래?

우리는 오후부터 우유가 들어간 커피는 판매하지 않습니다.

뭐, 주문이 아예 불가능한 곳만 있는 건 아닌데 단지 점심시간 이후로 시키면 아, 이 사람은 이탈리아 현지인이 아니구나. 하는 인상을 준다고 해.

흠흠, 그렇구나.

그리고, 이탈리아는 에스프레소의 발상지인 만큼 그 맛에 있어서 다른 나라들과 현격한 **diferencia**가 있어.

…쩝, 뭐 그렇게까지 말한다면야. 오케이! 먹어보겠어!

그래서 이번 기회에 안 먹어 보면 너만 **pérdida**니까 내가 친히 추천해주는 거야.

그냥 눈-딱-감고 한 번만 마셔봐~

도전!!

참고로 이탈리아에선 카페=에스프레소라서 에스프레소를 주문할 때 **generalmente** 카페라고 하니까 알아두렴~

카페=에스프레소

으아아

여기 영수증 받으세요.

네~ 자, 이제 **allí**에 있는 바(bar)로 가자.

명 **leche** : 우유
울레체

부 **principalmente** : 주로
쁘린씨빨멘떼

명 **tarde** : 오후, 저녁
따르데

명 **diferencia** : 차이
디페ˈ렌씨아

명 **pérdida** : 손해
뻬르디다

부 **generalmente** : 일반적으로
헤네랄멘떼

부 **allí** : 저쪽
아이

응? 커피 금방 나올 거 아냐? 같이 **llevar** 해야지.

그게, 이탈리아의 카페에서는 주문하는 방식이 조금 달라.

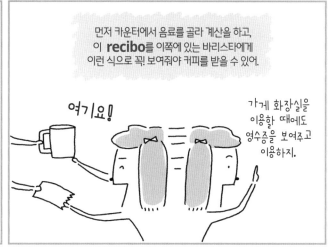

먼저 카운터에서 음료를 골라 계산을 하고, 이 **recibo**를 이쪽에 있는 바리스타에게 이런 식으로 꼭! 보여줘야 커피를 받을 수 있어.

여기요!

가게 화장실을 이용할 때에도 영수증을 보여주고 이용하지.

그리고 이탈리아에서는 대부분 커피를 빠르게 먹고 빠르게 자리를 뜨는 편이라서

이렇게 **barra** 테이블에 서서 먹는 게 일반적이야. 그래서 그런지 커피숍을 **generalmente** 에스프레소 바(bar), 혹은 줄여서 바(bar)라고 불러.

물론 자리에 앉아서도 먹을 수 있지만 그럴 **caso**, 자릿세를 추가로 지불해야 해.
-좀-비싸

휴-ㅠㅠ 이런, 앉아서 좀 **descansar** 하려 했더니…

흥흥 금방 숙소에 갈 텐데 뭐~

앗, 우리 것 나왔다. 역시 익스프레스! EXPRESS

도피오 두 잔 나왔습니다!

图 **llevar** : 가지고 가다
예바르

图 **recibo** : 영수증
ㄹ~에씨보

图 **barra** : 막대
바르~아

图 **generalmente** : 보통
헤네랄멘떼

图 **caso** : 경우, 문제 (issue)
까쏘

图 **descansar** : 쉬다
데쓰깐싸르

음~
커피 **aroma**가 진짜 진하다.
폐 깊숙이 침투하는 듯한 느낌이야~

그런데, 갓 나온 것 치고는
그렇게 **caliente** 하지 않네?
뜨뜻미지근해.

크헤! 써!

아까도 말했지만,
이탈리아 사람들은 커피를 **corto** 한 시간 안에
마시기 때문에 바리스타는 그에 맞춰 적당한
temperatura로 커피를 내려주는 거야.

그리고 이 에스프레소는
통상 25 **segundo** 내에 마셔야
그 본연의 맛을 즐길 수 있다고 해~

이런,
지금 몇 초 지났지!?
rápidamente
마셔야겠네!!!

25초

잠깐!

턉!

에스프레소를
맛있게 즐기는 법은
한 가지 더 있으니까
서두르지 마.

알았으니까 놔줄래..?
손목 부러질 것 같아...!

자, 어떤 것이냐 하면!
여기 있는 이 흑 **azúcar**를
에스프레소 잔에 듬뿍 넣고~

사르르

잠깐 기다린 다음
이대로 휘젓지 않고
muchas veces에
걸쳐서 마시는 거야!

너무 많이
넣는 거 아니냐..?

사르르

홀짝
크으~

홀짝
푸헤~

홀짝
크흐흐~

......

명 **aroma** : 향기
아로마

형 **caliente** : 뜨거운
깔리엔떼

형 **corto** ♂ **corta** ♀ : 짧은
꼬르또 / 꼬르따

명 **temperatura** : 온도
뗌뻬라뚜라

명 **segundo** : 초
쎄군도

부 **rápidamente** : 서둘러서, 빨리
르~아삐다멘떼

명 **azúcar** : 설탕
아쑤까르

부 **muchas veces** : 몇 회, 여러 번
무차쓰 베쎄쓰

그리고 마지막에는 에스프레소 잔 **piso**에 가라앉아있는 설탕으로 입가심을 하는 거지.

으음~ 딜리셔스!

물론 사람마다 입맛이 다르니까 넌 네가 **preferir** 하는 대로 마시면 돼.

난 이렇게 마시는 게 제일 좋더라~

음… 좋아. 그럼 난 설탕을 한 개만 넣어서 먹어볼까.

사르르

훌짝

어흑! 야, 난 역시 이거 못 먹겠다. 네가 그냥 내 것도 마셔…

어머, 이거 미안해서 어째… 내가 괜히 너한테 에스프레소를 **recomendar** 해서…

사르르 사르르

…그런 것 치고 몸은 솔직하구나.

아냐, 괜찮아… 이번 기회에 **seguramente** 알았으니까!

뭘?

호로록

내가 에스프레소를 먹는 일은 죽을 때까지도 **absolutamente** 없을 것이란 것을!

후하하!

음~ 노 맛!

그런 걸 왜 빼기면서 말하는 거지?

명 **piso** : **바닥, 마루, 층**
삐쏘

동 **preferir** : **선호하다**
쁘레페'리르

동 **recomendar** : **추천하다**
ㄹ~에꼬멘다르

부 **seguramente** : **확실하게, 안전하게**
쎄구라멘떼

부 **absolutamente** : **절대**
압쏠루따멘떼

명 **taxi** : 택시
딱씨

명 **tarifa** : 요금
따리파ᶠ

형 **peligroso** ♂ **peligrosa** ♀ : 위험한
벨리그로쏘 / 벨리그로싸

명 **extranjero** ♂ **extranjera** ♀ : 외국인
엑쓰뜨란헤로 / 엑쓰뜨란헤라

동 **mentir** : 거짓말하다
멘띠르

명 **cama** : 침대
까마

명 **puente** : 다리 (bridge)
뿌엔떼

🅜bolso : 가방
볼쏘

🅥añadir : 더하다
아냐디르

🅤siempre : 항상
씨엠쁘레

cuidadosamente : 조심스럽게	**ligero** ♂ **ligera** ♀ : 가벼운	**grande** : 큰	**pesado** ♂ **pesada** ♀ : 무거운
꾸이다도싸멘떼	올리헤로 / 올리헤라	그란데	뻬싸도 / 뻬싸다

03 지시대명사

영어의 This와 That은 이것, 저것을 가리킬 때 사용합니다.
이러한 대명사들을 '지시대명사'라고 부르죠.
그런데 스페인어의 지시대명사에는 남성과 여성뿐 아니라 중성도 있습니다.

● 남성 명사 사물
● 여성 명사 사물
● 성을 알 수 없는 사물

먼저 이것, 그것, 저것에 해당하는 표현을 남성, 여성, 중성에 맞춰 암기해 보겠습니다.

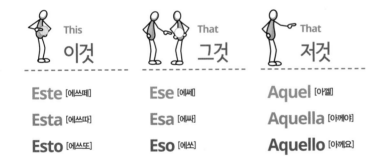

This 이것	That 그것	That 저것
Este [에쓰떼]	Ese [에쎄]	Aquel [아껠]
Esta [에쓰따]	Esa [에싸]	Aquella [아께야]
Esto [에쓰또]	Eso [에쏘]	Aquello [아께요]

이번에는 복수형 표현을 외워보겠습니다.

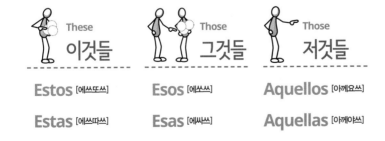

These 이것들	Those 그것들	Those 저것들
Estos [에쓰또쓰]	Esos [에쏘쓰]	Aquellos [아께요쓰]
Estas [에쓰따쓰]	Esas [에싸쓰]	Aquellas [아께야쓰]

영어의 This는 지시대명사이지만 형용사로 사용될 때도 있습니다.
이런 경우를 '지시형용사'라고 부르는데, 단어의 모양은 똑같습니다.
다음과 같이 말이죠.

this - 지시대명사

this boy - 지시형용사

이번에는 스페인어의 지시형용사들을 살펴보겠습니다.
역시 지시대명사들과 모양은 똑같죠. 다만 다른 명사와 함께 사용되는 점이 다릅니다.
여기서는 함께 사용되는 명사로 '남자'와 '여자'를 선택해 보았습니다.

이 남자	**este** hombre	[에쓰떼 옴브레]
그 남자	**ese** hombre	[에쎄 옴브레]
저 남자	**aquel** hombre	[아껠 옴브레]

이 여자	**esta** mujer	[에쓰따 무헤르]
그 여자	**esa** mujer	[에싸 무헤르]
저 여자	**aquella** mujer	[아께야 무헤르]

이 남자들	**estos** hombres	[에쓰또쓰 옴브레쓰]
그 남자들	**esos** hombres	[에쏘쓰 옴브레쓰]
저 남자들	**aquellos** hombres	[아께요쓰 옴브레쓰]

이 여자들	**estas** mujeres	[에쓰따쓰 무헤레쓰]
그 여자들	**esas** mujeres	[에싸쓰 무헤레쓰]
저 여자들	**aquellas** mujeres	[아께야쓰 무헤레쓰]

사랑하는 마음을 **verdaderamente** 로 표현해야 해.

4장

만남을 소중히

안에 엄청 넓은 **piscina**도 있으니까 이따가 우리 수영하자.

저~기 앞에 보여? 저기가 오늘 우리가 묵을 **hotel**이야.

뭐래…
지금 시간이 몇 시인지 알기나 해?
11 **hora** 되기 5분 전이야.

뭐? 왜 시간이 벌써!!

헉! 이럴 때가 아니야!
registrarse 마감 시간까지 얼마 안 남았어. 뛰자!

어휴, 이게 다 네가 **lentamente** 하게 걸어서 그런 거야!

퍽!! 퍽!!

또 뛰어야 해? 미치겠네, 정말!!

휘요요옹

몡 **hotel** : 호텔
오뗄

몡 **piscina** : 수영장
삐씨나

몡 **hora** : 시 (time)
오라

뷘 **lentamente** : 느리게
올렌따멘떼

통 **registrarse** : 체크인하다
르~에히쓰뜨라르쎄

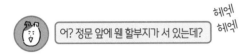

어? 정문 앞에 웬 할부지가 서 있는데?

그 왜 있잖아. 손님 오면 문 **abrir** 해주는 사람 아냐?

아하, **portero**!

빙고~! 가 아니라, 이제 퀴즈는 신물 나거든? 어서 뛰기나 해!

Bienvenidos.
귀여운 손님들~ 참으로 멋진 밤이죠?

Buenas noches.
할부지! 정말 멋진 밤이네요!

저리 비켜!
할아버지,
저희 체크인해야 하거든요?
recepción 어디 있어요!?

---

abrir : **열다**
아브리르

portero : **도어맨**
뽀르떼로

Bienvenidos. : **어서 오세요.**
비엔베니도스.

Buenas noches. : **안녕하세요. [저녁~밤]**
부에나쓰 노체쓰.

recepción : **프런트데스크**
ㄹ~에쎕씨온

이런, 이런. 꼬마 아가씨.
아무리 **novio**가 좋기로서니
그렇게 막 대하면 안 되는 거예요~

그런 사이 아니거든요!?
그보다 빨리 알려주세요! 급해요!

아주아주 오래전, 그러니까 제가 코흘리개 **niño**였을 무렵.
저희 옆집에 아주아주 귀여운 **vecina**가 살고 있었는데 말이에요.

동갑내기 여자애였는데,
저는 그 **niña**를 좋아했어요.

하지만 그 소녀는 저만 보면 항상 괴롭히곤 했어요.
오리 궁둥이라고 놀리며 제 엉덩이를 발로
patear 하기도 했죠.

전 그런 소녀가
점점 싫어지고 말았죠.

그러던 **un día**, 제가 먼 곳으로 이사를 하게 되었는데 말이에요.
이삿짐을 실은 차가 **carretera**로 들어선 바로 그때.
소녀가 맨발로 뛰어나와 눈물 섞인 목소리로 외치더군요.

잠깐만!

명**novio** : **남자 친구**
노비오

명**niño** : **소년**
니뇨

명**vecino** ♂ **vecina** ♀ : **이웃**
베씨노 / 베씨나

명**niña** : **소녀**
니냐

동**patear** : **차다**
빠떼아르

부**un día** : **어느 날**
운 디아

명**carretera** : **도로, 길**
까르~에떼라

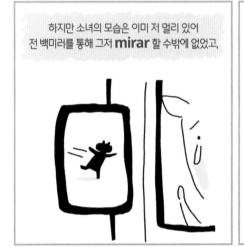

---

marcharse : 떠나다
마르차르쎄

mudarse : 이사 가다
무다르쎄

mirar : 바라보다
미라르

separarse : 헤어지다
쎄빠라르쎄

verdaderamente : 진실로
베르다데라멘떼

novia : 여자 친구
노비아

hablar : 말하다 (chat)
아블라르

paciente : 인내심 있는
빠씨엔떼

형 **impaciente** : 성급한
임빠씨엔떼

동 **cargar** : 나르다
까르가르

표 **después de eso** : 그 후에
데쓰뿌에쓰 데 에쏘

형 **casado** ♂ **casada** ♀ : 결혼을 한
까싸도 / 까싸다

형 **contento** ♂ **contenta** ♀ : 만족한
꼰뗀또 / 꼰뗀따

표 **la próxima vez** : 다음번에
올라 쁘록씨마 베쓰

그러니까 그걸 어떻게 좀 해달라고욧!

옥신각신

응? 야, 무슨 일인데 분위기가 이리 험악해.

아니, 우리 마감 시간에 고작 2 **minutos** 밖에 안 늦었거든?

근데 지금 **gasto adicional**을 내야 한다잖아!

뭐? **No tiene sentido**!

요금

아니, 물론 조금이라도 **tarde** 한 우리 잘못이긴 해도 이건… 저기, 좀 봐주시면 안 돼요…?

죄송합니다만… **empresa**, 아니 호텔의 방침이라 저로서도 어쩔 수가 없어요…

삐질 삐질

그러면 여기 총괄하는 **gerente** 좀 불러주세요! 직접 담판을 짓고 말 테니까!

야, 야. 너무 그렇게 몰아붙이지 마… 곤란해하시잖아… 그 근육 좀 집어넣고…

저, 저기… 그게…

덜덜덜

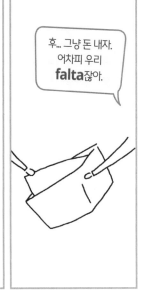

후… 그냥 돈 내자. 어차피 우리 **falta**잖아.

---

minutos : 분 / 미누또스

gasto adicional : 추가 요금 / 가쓰또 아디씨오날

No tiene sentido. : 터무니없다. / 노 띠에네 쎈띠도.

tarde : 늦은 / 따르데

empresa : 회사 / 엠쁘레싸

gerente : 관리자 / 헤렌떼

falta : 잘못 / 팔'따

내긴 뭘 내! 매일같이 출근해서 돈 **ganar** 하는 게 어디 쉬운 일이니? 난 절대로 못 내!

퇴근... 퇴근...

전기료

관리비

그 손님들은 내 지인이니 이번 한 번만 그냥 넘어가 주시게나.

오잉? 할부지가 갑자기 왜...

예? 아무리 어르신의 지인이어도 그럴 순 없죠.

내가 자네보다 직급이 높은 **jefe**임에도 불구하고 명령에 불복종하겠단 건가?

다, 당연하죠. 이번 주는 특히 규칙을 지키라는 **orden**이 내려와서 절대 안 돼요.

당분간 빡세게 해봐.

허어, 난 자네가 생각하는 것보다 직급이 **más alto** 한데? 내가 사장인데?

...예? 무슨 말도 안 되는 소리예요~ 제가 사장님 얼굴을 모를 리가 없잖아요, 나 참.

흠, 그렇군. 그렇군. 자, 이렇게 도수도 없는 땡글이 **gafas**를 벗고, 머리에 이고 있다시피 한 **sombrero**를 벗으면?

동 ganar : 돈을 벌다, 이기다
가나르

명 jefe : 상관
헤페ᶠ

명 orden : 지시
오르덴

명 más alto ♂ más alta ♀ : 더 높은
마쓰 알또 / 마쓰 알따

명 gafas : 안경
가파ᶠ쓰

명 sombrero : 모자
쏨브레로

그 빛나는 머리!

부담스러운 이글아이!

어떤가, 이래도 이들의 편의를 봐주지 않을 셈인가?

음, 그리고 말일세... 알겠나?

No! 바로 시정하겠습니다!

넵! 충성!

당신은 **dudar** 할 필요 없는 사, 사장님!!

크윽!

속닥속닥

헐, 사장님이셨어요? 근데 왜 도어맨을?

헉, 이게 바로 말로만 듣던 언더커버 보스!?

그냥 내 소소한 **pasatiempo** 일 뿐이에요. 직원들이 일을 잘해줘서 할 일도 별로 없고, 그러다 보니 최근 **libre** 한 일상이 이어져서 말이죠.

헐헐헐

그렇구나~ 그런데 이렇게 보니 아까의 **gentil** 한 인상과는 완전히 정반대네요. 완전 카리스마 넘쳐요!

그런가요, -헐헐헐! 아무튼 **problema** 가 해결되었으니 전 이만 물러가도록 할게요.

모쪼록... 편안히 쉬다 가세요.

씨익

형 **dudar** : 의심하다
두다르

팀 **No.** : 아니요.
노.

명 **pasatiempo** : 취미
빠싸띠엠뽀

형 **libre** : 한가한, 자유로운
울리브레

형 **gentil** : 온화한
헨띨

명 **problema** : 문제 (problem)
쁘로블레마

네, 할부지! 정말 **agradecer** 해요!

편안한 밤 보내십시오! 사장님!

아, 자네!

혹시 내일부터 **secretario**로서 나를 보좌해볼 생각 없나?

네?!

이틀 전, 그러니까 **anteayer** 갑자기 전임자가 그만두어서 말이야.

사직서

어디 쓸만한 사람 없나 했더니 마침 적성에 **justamente** 맞는 인재를 만난 것 같아서 발일세. 사네처럼 똑 부러진 사람은 근래 들어 찾아보기가 힘들거든.

repentina 한 제안이긴 하지만 자네에게 나쁜 얘기는 아닐 걸세.

비서로 일하게 되면 지금보다 최소 **doble**의 연봉을 받을 수 있을 테니 말이야.

급료 급료

내일까지 말미를 줄 터이니 **sabiamente** 하게 판단하길 바라네. 그럼 진짜 물러가겠네.

이야~ 잘됐네요! 이런 기회는 절대로 **común** 한 게 아닐 텐데!

정말 ¡**Felicidades!**

가, 감사합니다. 아니, 하지만. 이거 정말... 얼떨떨하네요. 그렇게 많은 연봉은 **generalmente** 몇 년 후에나 받을 수 있을 텐데. 그런 걸 지금의 제가 덥석 받아도 될지…

동 agradecer : 감사하다
아그라데쎄르

명 secretario ♂ secretaria ♀ : 비서
쎄끄레따리오 / 쎄끄레따리아

부 anteayer : 그저께
안떼아예르

부 justamente : 딱
후쓰따멘떼

형 repentino ♂ repentina ♀ : 급작스러운
르~에뻰띠노 / 르~에뻰띠나

형 doble : 두 배의
도블레

부 sabiamente : 현명하게
싸비아멘떼

형 común : 흔한
꼬문

감 ¡Felicidades! : 축하합니다!
¡펠'리씨다데쓰!

부 generalmente : 보통
헤네랄멘떼

물론이죠~
잡으세요. 이번 기회를 **perder** 하면 반드시 후회하실 거예요!

손해 볼 것도 없고, 금전적으로나 경험적으로나 당신에게 무조건 **beneficio**가 되는 일이니까요!

그, 그렇죠. 네..! 덕분에 확신이 생겼어요! **consejo** 해주셔서 감사합니다.

흥, 그거 알죠?

저의 진상짓이 결과적으로 당신에게 도움이 되었다는 사실.

número de habitación은 486호입니다.

저쪽에 있는 엘리베이터를 타고 **arriba**로 올라가신 다음 내리자마자 오른쪽으로 가시면 됩니다.

그리고 체크아웃 시간은 내일 오전 11시까지이오니 이번엔 꼭! 유의해주세요.

무시하네띠?

...저희 **desayuno**는 언제 먹을 수 있어요?

아침 6시부터 10시까지 가능합니다.

그럼 내일 시간 맞춰서 **despertador telefónico** 부탁드릴게요. 7시로요.

네, 확인했습니다. **por favor**... 편안한 밤 보내십시오.

씨익

图**perder** : 놓치다
뻬르데르

图**beneficio** : 이익
베네피씨오

图**consejo** : 조언
꼰쎄호

图**número de habitación** : 방 번호
누메로 데 아비따씨온

图**arriba** : 위로
아르~이바

图**desayuno** : 아침 식사
데싸유노

图**despertador telefónico** : 모닝콜
데쓰뻬르따도르 뗄레포니꼬

图**por favor** : 아무쪼록
뽀르 파보르

여기는 요즘도 **llave**를 쓰네? 신기하다.

응? 잠깐, 근데 왜 하나밖에 없지?

설마… 우리 같은 **habitación**에서 묵는 거야!?

뭘 그렇게 놀라고 그래?

486

너 설마 내가 **mujer**로 보여?

아니? 그럴 일은 죽었다 깨어나도 없지.

좀 열 받네? 나도 너 **hombre**로 전혀 안 보이거든!

그렇긴 하네?

그럼-됐지? 돈도 아끼고 아무 문제 없잖아.

그리고 **cama doble**가 있는 방으로 예약했으니까 문제 될 건 더더욱 없어.

문제가 없긴! 한 방으로도 모자라 큰 침대 하나에서 같이 자자는 거잖아!?

트윈 침대는 **cama individual**이 2개 있다는 걸 말하는 거야…

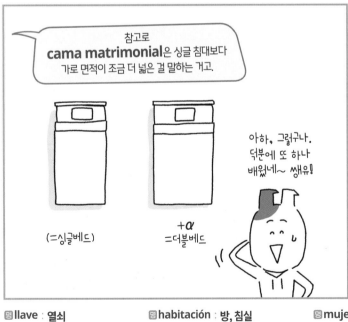

참고로 **cama matrimonial**은 싱글 침대보다 가로 면적이 조금 더 넓은 걸 말하는 거고.

(=싱글베드)

+α =더블베드

아하, 그렇구나. 덕분에 또 하나 배웠네~ 쌩유!

알면 됐어. 아, **ascensor** 왔다.

명 **llave** : **열쇠**
야베

명 **habitación** : **방, 침실**
아비따씨온

명 **mujer** : **여자, 부인**
무헤르

명 **hombre** : **남자**
옴브레

명 **cama doble** : **트윈 침대**
까마 도블레

명 **cama individual** : **싱글 침대**
까마 인디비두알

명 **cama matrimonial** : **더블 침대**
까마 마뜨리모니알

명 **ascensor** : **엘리베이터**
아쓰센쓰르

명 **botón** : **버튼**
보똔

명 **planta baja** : **일층**
쁠란따 바하

명 **sótano** : **지하**
쏘따노

명 **piso de abajo** : **아래층**
삐쏘 데 아바호

명 **piso de arriba** : **위층**
삐쏘 데 아르~이바

명 **dedo** : **손가락**
데도

명 **número** : **숫자**
누메로

명 oscuro ♂ oscura ♀ : 어두운
오쓰꾸로 / 오쓰꾸라

동 encender : 켜다
엔쎈데르

명 interruptor : 스위치
인떼르~웁또르

동 cerrar : 닫다, 잠그다
쎄르~아르

명 nariz : 코
나리쓰

명 **zapatos** : **신발**
싸빠또쓰

명 **error** : **실수**
에르~오르

부 **abajo** : **아래로**
아바호

동 **juzgar** : **판단하다**
후쓰가르

심지어 그걸 끝으로 남은 방 개수 **nada**.
하다못해 **cama adicional** 이라도
가져다 달라고 했더니 그것도 지금은 없다네.
그래서 그냥 이 방 쓰기로 했어…

난 **No importa.**
어차피 오늘 하루만
묵을 건데 뭐~

그보다 말이야…
뭔가 싸한 느낌 들지 않아?
누군가가 아까부터
계속 우릴 **ver** 하고
있는 것 같단 말이지.

야, 야아… 그런 얘기하지 마.
나 그런 거 **asustada**
하는 거 알잖아…

뚝뚝뚝

응? 방금 무슨
sonido 들리지 않았어?

무언가를 **golpear** 하는
듯한 소리였는데.

뚝뚝뚝

아, 하지 말라니까?
진짜 화낸다?

…엄마가 섬 그늘에~ 굴~ 따러 가면~ ♪

!? 봐! 이, 이번엔
확실히 들렸지!?

으, 으응… 뭔가 서글픈
canción 소리였어…

…아이는 혼자 남아~ ♪

명 **nada : 없음**
나다

명 **cama adicional : 간이침대**
까마 아디씨오날

접 **No importa. : 상관없어.**
노 임뽀르따.

동 **ver : 보다**
베르

형 **asustado** ♂ **asustada** ♀ **: 무서워하는**
아쑤쓰따도 / 아쑤쓰따다

명 **sonido : 소리**
쏘니도

동 **golpear : 두드리다**
골뻬아르

명 **canción : 노래**
깐씨온

ventana 밖에서 들려오는 것 같은데…
하지만 여긴 4층, 아니 5층이라고!!

살랑

꺄, 꺄~~~!!

무슨 일이야!!

저, 저기…!
cortina 사이로 순간
누군가의 실루엣이 보였어!

diminuta 한 형상이었어…
마치 네 동생처럼.

아닌가? 뭔가 구부정하니
걔보다는 **menor** 했던 것 같아.

그렇군. 아까부터 느껴졌던
시선의 범인이 바로 저 녀석이었구나.

넌 혹시 모르니까 저기에 있는 **escritorio**
밑으로 들어가서 숨어있어! 내가 쫓아낼게!

흐엉…
힘내…

어떤 녀석인지는 모르겠지만…
감히 내가 **favorito** 하는 친구한테 겁을 줘?

튓!!

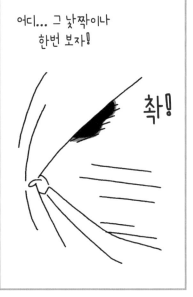

어디… 그 낯짝이나
한번 보자!

촥!

명 **ventana** : 창문
벤따나

명 **cortina** : 커튼
꼬르띠나

명 **diminuto** ♂ **diminuta** ♀ : 아주 작은
디미누또 / 디미누따

형 **menor** : 더 작은
메노르

명 **escritorio** : 책상
에쓰끄리또리오

형 **favorito** : 좋아하는
파'보리또

형solitario 👤 solitaria👤 : 외로운
쏠리따리오 / 쏠리따리아

크히히, 이런 으슥한 **callejón**에 길 잃은 쥐새끼 한 마리라니냥.

냥? 헉! **gato**!?

평소라면 간에 기별도 안 가는 너 같은 건 그냥 못 본 척 놓아주겠지만, **desafortunadamente** 하게도 난 지금 너무나도냥...

쓰레기통이라도 뒤지고 싶을 만큼 **Yo tengo hambre** 냥!

끼, 끼아아아아악~!!

멈춰라멍!

퍼억!

멍? 헉! **perro**!?

겁먹지 마라멍. 난 널 이 위기에서 **salvar** 해주기 위해 달려왔으니멍!

아얏, 아파라냥... 또 너냥!

🈁 **callejón** : 골목길
까예혼

🈁 **gato** ♂ **gata** ♀ : 고양이
가또 / 가따

🈁 **desafortunadamente** : 불행하게
데싸포「르뚜나다멘떼

🈁 **Yo tengo hambre.** : 나는 배가 고프다.
요 뗑고 암브레는.

🈁 **perro** ♂ **perra** ♀ : 개
뻬르~오 / 뻬르~아

🈁 **salvar** : 구하다
쌀바르

오늘 **por la mañana**에도
다 잡은 기니피그를 너 때문에 놓쳤다냥!

널 내 아침으로...

por la tarde에는
비둘기 사냥에 실패한 날 보고
비웃고 갔지냥!

por la tarde에는
철창에 가둬놨던 이구아나를
내가 화장실 간 사이 몰래 빼돌렸다냥!

내 저녁!

그리고 이 야심한 밤에도
날 방해하고 있다냥! 날 굶겨 죽일 셈이냥!
너 때문에 **delgado** 한 거 안 보이냥!

내가 너에게 누누이
advertir 했을 것이다멍!

불필요한 살생은 그만두고
너의 주인이 주는 캣푸드나
먹으라고 말이다멍!

먹어보고 말해라냥!
그런 이유식 같은 거야말로 나한테
innecesario 한 것이다냥!

으우...
안 해줘도 되는데...

맛있던데멍?
내가 이렇게 뒤룩뒤룩하게
gordo 한 것도 모두
네가 남긴 캣푸드 덕분이다멍.

왜 자꾸 사라지나 했더니
네놈 짓이었냥! 내가 몰래
먹으려고 얼마나 찾았는데,

핫!

---

por la mañana : 아침에
뽀르 올라 마냐나

por la tarde : 오후에, 저녁에
뽀르 올라 따르데

delgado ♂ delgada ♀ : 마른
델가도 / 델가다

advertir : 경고하다
아드베르띠르

innecesario ♂ innecesaria ♀ : 필요 없는
인네쎄싸리오 / 인네쎄싸리아

gordo ♂ gorda ♀ : 살찐
고르도 / 고르다

형 estrecho ♂ estrecha ♀ : 좁은, 꽉 조이는
에쓰뜨레초 / 에쓰뜨레차

명 ventaja : 유리한 점
벤따하

명 humo : 연기
우모

좋아, **avenida**로 빠져나왔다멍!

여기서 내가 놈을 막고 있을 테니 넌 이대로 쭉 달려가라멍!

헤엑. 헤엑.

가다 보면 한눈에 봐도 알만큼 거대하고 잎사귀가 무성한 **árbol**이 서 있다멍!

그 바로 밑을 자세히 보면 지하로 갈 수 있는 **escondido** 한 통로가 있을 것이다멍!

그 통로는 아무에게도 알려지지 않은 우리 조직의 **secreto** 기지로 연결되어 있다멍! 그리고 기지에는 우리 조직의 정예 **miembro**들이 현재 출동대기를 하고 있을 것이다멍!

그들과 **unirse** 하여 몸을 숨겨라멍!

명 **avenida** : 큰길
아베니다

명 **árbol** : 나무
아르볼

형 **escondido** ♂ **escondida** ♀ : 숨겨진
에쓰꼰디도 / 에쓰꼰디다

명 **secreto** : 비밀
쎄끄레또

명 **miembro** : 구성원
미엠브로

동 **unirse** : 합류하다
우니르쎄

그들이…
널 **seguramente** 하게
보호해줄 것이다멍!

형님은요?
형님도 같이 가요!

아니, 난 오늘 이 자리에서 저 녀석과 끝장을 볼 것이다멍!
넌 **ocuparse** 하지 말고 어서 도망가라멍! 방해만 된다멍!

아니, 그럴 수 없어요!
도망쳐도 같이!
싸워도 같이 싸울 거예요!

…저 녀석도 원래는
우리 조직이었다멍…

조직 내 기숙사에서 저 녀석과 난 같은 방을 쓰는
compañero de habitación 이었지멍. 우린 각자 역할을 분담하여 지냈어멍.

그날 입었던 옷가지들을
내가 **lavar la ropa** 하면,

그날 먹은 상차림은
저 녀석이 **lavar los platos**
하는 식으로 말이야멍.

우린 서로가 가진 물건들도
스스럼없이 **compartir** 했어멍.

솔로몬도 울고 갈
아주 공정한
방침이었지멍.

후훗, 난 녀석의 옷을
자주 빌려 입기도 했지멍.

🔳**seguramente** : 안전하게, 확실하게
쎄구라멘떼

🔳**ocuparse** : 상관하다
오꾸빠르쎄

🔳**compañero de habitación** : 룸메이트
꼼빠녜로 데 아비따씨온

🔳**lavar la ropa** : 빨래하다
올라바르 올라 르~오빠f

🔳**lavar los platos** : 설거지하다
올라바르 올로쓰 쁠라또쓰

🔳**compartir** : 공유하다
꼼빠르띠르

그렇지만, 무슨 일이 있어도 서로의 **privado** 한 일에는 절대로 침범하지 않았지멍.
때론 **cerrar** 하고 각자의 방에서 자기만의 시간을 가질 수 있도록 말이야멍.

그렇게 우린 세상에 둘도 없는 영혼의
mejor amigo 가 되어갔어멍.

또, 우린 같은 **equipo**로 활동하면서
이 도시의 평화를 지키느라 애썼지멍.

추적추적 **lluvioso** 한 날에도,

쌩쌩 **viento**가 부는 날에도 말이야멍.

그러던 어느 날, 녀석은 아무런 말도 없이
자취를 감춰버렸어멍!

그리고 며칠 뒤, 길거리에서 마주쳤을 때
이미 저 녀석은 다른 고양이가 되어있었어멍.

냐아아아아아아아악!

왜, 왜 그래!
나야, 친구!

형 **privado** ♂ **privada** ♀ : 사적인
쁘리바도 / 쁘리바다

동 **cerrar** : 잠그다, 닫다
쎄르~아르

명 **mejor amigo** : 단짝
메호르 아미고

명 **equipo** : 팀
에끼뽀

형 **lluvioso** ♂ **lluviosa** ♀ : 비가 오는
유비오쏘 / 유비오싸

명 **viento** : 바람
비엔또

원래는 남에게 말도 못 붙일 정도로 **tímido** 한 성격이었는데,
이제는 남에게 할 말 못 할 말 다 해버리는 **grosero** 한 녀석으로 말이야멍.

녀석이 떠나기 전, 조직 내에서 내가 알지 못하는
doloroso 한 일을 겪은 게 분명해멍.

형 **tímido** ♀ **tímida** ♂ : 수줍어하는	형 **grosero** ♀ **grosera** ♂ : 무례한	형 **doloroso** ♀ **dolorosa** ♂ : 고통스러운
띠미도 / 띠미다	그로쎄로 / 그로쎄라	돌로로쏘 / 돌로로싸

명 **dolor** : 고통	형 **preparado** ♀ **preparada** ♂ : 준비가 된	
돌로르	쁘레빠라도 / 쁘레빠라다	

형 **poderoso** ♂ / **poderosa** ♀ : **강력한, 힘 센**
뽀데로쏘 / 뽀데로싸

형 **egoísta** : **이기적인**
에고이쓰따

justo 한 방침이라고냥?
웃기지 마라냥!

넌 하루에 한 번만 빨래하면 됐고,
그것도 세탁기가 알아서 해줬지냥!

난… 난 하루에도 열 번은 설거지해야 했다냥!
덕분에 주부습진 걸렸다냥!

네가 **personal** 설거지도
전부 내 몫으로 떠넘겼으니까냥!

꺼억~ 야식 잘 먹었다.
설거지는 내 담당 아니니까~

아주 잠깐 나갔다 왔더니 접시가 쓰러질 듯
peligrosamente 하게 쌓여있는
모습을 보면 한숨부터 나왔다냥!

이 얼마나 **injusto** 한
역할분담이냥! 난 억울했다냥!

그리고… 물건을
스스럼없이 공유했다고냥!?

네가 멋대로 내 옷장에서 옷을 빌려 간 것 뿐이잖아냥!
그것도 **barata** 한 옷들은 거들떠보지도 않고
명품들만 골라서냥!

거기까진 좋다 이거다냥! 그런데 **prestar**
해갔으면 돌려줘야 하는 게 도리아니냥!

형 **justo** ♂ **justa** ♀ : **공정한**
후쓰또 / 후쓰따

형 **personal** : **개인의**
뻬르쏘날

부 **peligrosamente** : **위태롭게**
뻴리그로싸멘떼

형 **injusto** ♂ **injusta** ♀ : **불공평한**
인후쓰또 / 인후쓰따

형 **barato** ♂ **barata** ♀ : **값싼**
바라또 / 바라따

동 **prestar** : **빌리다**
쁘레쓰따르

왜 며칠이나 지났는데도 돌려주질 않는 것이냥!
더욱이 한 벌도 아니고 여러 벌을 말이다냥!

난 그것도 모르고 모처럼 찾아온 **fin de semana**에
여자친구랑 놀기로 약속했다가 입고 갈 옷이 없어 못 나갔다냥!

우리 헤어져.

자기야! 그게 아니야!
옷이, 옷이 없다냥!

넌 말이다냥… 옷과 함께 내 냥생을
robar 해 간 것이나 다름없다냥! 이 도둑개야냥!

하지만… 난 참았다냥.
이미 지난 일이고 옷쯤이야
내가 직접 찾아가면 되니까냥.

그래서 네가 없는 사이 네 옷장을 뒤져봤는데
이미 내 옷은 내 옷이 아니었다냥!

limpia 했던 내 옷은
이미 네놈의 부주의로
인해 얼룩덜룩했고,

내 호리호리한 체형에 맞던
pequeña 사이즈의 옷들은

너의 뚱뚱한 체형에 의해
mediana 사이즈로 늘어나 있었다냥!

심지어 이런 일이 매번 반복되자
결국 **grande** 사이즈로까지
늘어나는 바람에 버려버렸다냥!

S

M

L

몡**fin de semana** : 주말
핀f 데 쎄마나

형**robar** : 훔치다
르~오바르

형**limpio** ♂ **limpia** ♀ : 깨끗한
올림삐오 / 올림삐아

형**pequeño** ♂ **pequeña** ♀ : 작은
뻬께뇨 / 뻬께냐

몡**mediano** ♂ **mediana** ♀ : 중간의
메디아노 / 메디아나

형**grande** : 큰
그란데

왜 자기체형에도 안 맞는 **ajustada** 한 옷을 탐내는지 나로선 이해할 수가 없었다냥!

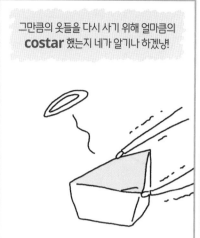

그만큼의 옷들을 다시 사기 위해 얼마큼의 **costar** 했는지 네가 알기나 하겠냥!

otro 여러 가지 열 받는 일도 많았지만, 너무 많아서 도저히 열거할 수 없다냥!!

아, 그런 거였다냥. **Yo lo siento.** 됐지멍?

으음… 누가 봐도 삐딱선 탈만 했네…

혁, 그걸로 끝? 죄책감이라곤 전혀 없잖아. 이 녀석!

키히이익!! 변명이라도 하면 살려는 주려고 했는데, 역시 안 되겠다냥!!

끄응… 결국 둘 다 똑같은 놈들이었군. 이 틈에 난 **seguro** 한 장소로 도망이나 칠까~

샤샥!!

멍멍!!

퍼벅!!

냥냥!!

형 **ajustado** ♂ **ajustada** ♀ : 꽉 조이는, 좁은
아후쓰따도 / 아후쓰따다

동 **costar** : 비용이 들다
꼬쓰따르

형 **otro** ♂ **otra** ♀ : 그 밖의
오뜨로 / 오뜨라

표 **Yo lo siento.** : 미안합니다.
요 을로 씨엔또.

형 **seguro** ♂ **segura** ♀ : 안전한, 확실한
쎄구로 / 쎄구라

형 **fuerte** : 강한
푸f에르떼

형 **valiente** : 용감한
발리엔떼

동 **repetir** : 반복하다
르~에뻬띠르

냐, 냐아아아아악! 탈골 됐다냥! médico를 불러줘라냥!!
엥...? 살짝 empujar 했을 뿐인데 왜 그렇게까지 날아가? 탈골…?
냐아아아프다냐아파!
…안 되겠다. 야, 저 녀석 몸 condición 좀 살피러 같이 가보자. 따라와.
…저, 저기! 미안해! 괜찮은 거지!? 많이 안 다친 거지!?
쭈욱—
허억!
머, 무어어어어엉! 살갗 찢겼다멍! Por favor, llame usted a la ambulancia!
가, 같이 가자고 살짝 atraer 했을 뿐이잖아… 헉, 혹시... 저 녀석들?
아이고오오아파아앙냐아멍!
•••
어흐으으으으으응~!
히, 히이이이이익!
뭐든 다 하겠습니다멍!
살려만 주세요냥!

명 médico 🧑 médica 👩 : 의사
메디꼬 / 메디까

동 empujar : 밀다
엠뿌하르

명 condición : 상태
꼰디씨온

문 Por favor, llame usted a la ambulancia. : 구급차 좀 불러주세요.
뽀르 파f보르, 야메 우쓰떼드 아 을라 암불란씨아.

동 atraer : 당기다
아뜨라에르

형 débil : 약한
데빌

명 carro : 손수레
까르~오

부 suavemente : 부드럽게
쑤아베멘떼

형 lento ♂ lenta ♀ : 느린
을렌또 / 을렌따

형 cómodo ♂ cómoda ♀ : 편한
꼬모도 / 꼬모다

형 seguro ♂ segura ♀ : 확실한, 안전한
쎄구로 / 쎄구라

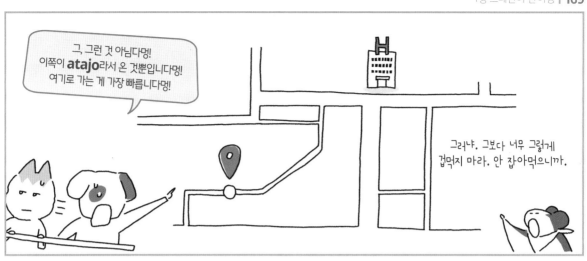

명 atajo : 지름길
아따호

형 nervioso ♂ nerviosa ♀ : 불안한
네르비오쏘 / 네르비오싸

형 cuidadoso ♂ cuidadosa ♀ : 주의 깊은
꾸이다도쏘 / 꾸이다도싸

명 salida : 출발, 출구
쌀리다

첫, 감이 좋은 녀석이군! 기습에 **fracaso** 해버렸잖아!

냐? 이 목소린...

헉!? 전 보스냥!??

불길한 예감이 들더라니, 역시!

그런데 전 보스? 아는 사이냐?

이 일대의 불량배들을 통솔하는 **líder**예요냥!

굉장히 잔인하고 악랄한 성격으로 강도, 사기 등 온갖 **ilegal** 한 일에 손을 뻗치고 있어요냥!

네 녀석!?

결국 우리 패거리에서 나가기로 한 거냐!?

내 그럴 줄 알았지! 넌 항상 나와 의견 **colisión**을 일으켰으니까!

나가서 나쁜 짓을 하라고 몇 번이나 **mandar** 해도 넌 그렇게 살면 안 된다며 나에게 반발했지!

나가서 생선 하나 훔쳐 와!

아, 안 들린다냥!

명 **fracaso** : 실패
프'라까쏘

명 **líder** : 리더, 지도자
을리데르

형 **ilegal** : 불법적인
일레갈

명 **colisión** : 충돌
꼴리씨온

동 **mandar** : 명령하다
만다르

그뿐이냐!
부하들에게 불법적인 일은
그만두고 **legal** 한 일을
해야 한다고 회유까지 했어!

이봐, 이번에
봉사활동 큰 건
하나 있는데...

그리고 항상 우리보다 먼저
사냥감과 **contacto** 해 몰래 도피시켰지?
잡아먹는 척 우리 눈을 속여가면서!

오늘만 해도 기니피그,
이구아나, 그리고 그 다람쥐까지!
내가 모를 줄 알았냐!

너처럼 **bueno** 한 녀석이 도대체
우리 패거리에는 왜 들어왔던 거냐!

우리가 **mala** 한 삶을
신조로 살아간다는 걸
알고 있었으면서!

두목!
큰일 났습니다!

아지트에 있던
ordenador 하드디스크가
모두 박살 나 있다는 연락이!

뭐라?! 그럼 안에
저장되어 있던 **datos**들은
어떻게 된 거냐!

거기엔 보이스피싱을 위해
모아놓았던 개인정보
lista가 들어있었잖아!

형 legal : 합법적인
올레갈

명 contacto : 접촉
꼰딱또

형 bueno ♂ buena ♀ : 선량한
부에노 / 부에나

형 malo ♂ mala ♀ : 불량한, 나쁜
말로 / 말라

명 ordenador : 컴퓨터
오르데나도르

명 datos : 데이터
다또쓰

명 lista : 목록
올리쓰따

당연히 모두 날아가 버렸습죠!

뭐라고⁉

아니, 그래도 괜찮잖아? 서랍 안에 따로 작업해 둔 **documento**가 있으니깨!

내가 손가락 베여가며 A4용지 한 장~ 한 장~ 일일이 **archivo**에 꽂아둔 거 말이야!

안 쓰던 머리 써가며 주소, 성별, 나이 별로 **categoría**를 나눠서 정성껏 넣어둔 것 말이야!

그게 말이죠! **parte**만 남기고 대부분 홀라당 불타버렸다고 합니다!

두목이 혹시 몰라 복사기 앞에서 밤새도록 복사해두었던 **copia** 마저 세절기에 의해 무참히!

뭐라고!? 이거 **daño**가 너무 막심하잖아! 우리 이제 망한 거 아냐?

네! 200% 확신합니다!

근데 넌 왜 이렇게 해맑은 거야! 설마 네가 범인이냐!!

그럴 리가요! 방금 CCTV를 낱낱이 **confirmar** 해본 결과…

명 **documento** : 문서
도꾸멘또

명 **archivo** : 파일
아르치보

명 **categoría** : 카테고리
까떼고리아

명 **parte** : 일부
빠르떼

명 **copia** : 사본
꼬삐아

명 **daño** : 피해
다뇨

명 **confirmar** : 확인하다
꼰피ʳ르마르

범냥은 저 앞에 있는
녀석이랍니다!

키헤에에에억!

저 자식은 우리한테
무슨 억하심정이 있길래
이딴 짓을 저지른 거야!

quizás 처음부터
우리를 파멸로 이끌기 위해
잠입했던 것 같습니다!

방금 들어온 **información**에
따르면 저 녀석은 다른 조직에
몸을 담근 적이 있다더군요!

그런 거였구나!
용서 못 해...

저 녀석을 지옥으로
guiar 해주겠어!

뷔quizás : 아마
끼싸쓰

명información : 정보
인포르마씨온

통guiar : 인도하다
기아르

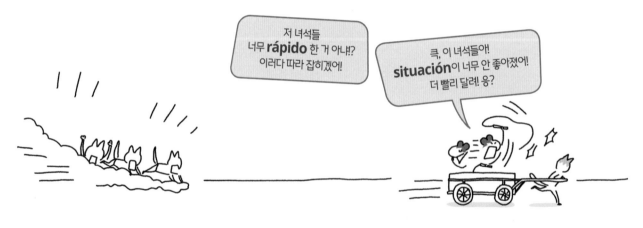

통 **Ve.** : 가라.	형 **rápido** ♂ **rápida** ♀ : 빠른	명 **situación** : 상황	형 **solo** ♂ **sola** ♀ : 단 하나의
베.	르~아삐도 / 르~아삐다	씨뚜아씨온	쏠로 / 쏠라

...아, 그렇지멍! **esto** 받아라멍!

! 그건 조직의 멤버임을 상징하는 배지냥...!?

분명 처분했는데 네가 어떻게 그걸 아직도냥...?

넌 2등 메달처럼 **plata**로 만들어진 이 배지가 자신을 2등으로 만드는 것 같아서 싫다고 했었지멍.

하지만 그거 아냐멍. **primero**의 만남에서부터 넌 언제나 내가 뛰어넘을 수 없는 1등이었다는걸멍.

뛰어난 체력, **inteligentemente** 하게 일을 처리하는 두뇌,

그리고-무엇보다멍... 모든 이에게 **amable** 한 너의 마음씨 모두 말이다멍.

할머니, 제가 들어드릴게요냥.

한심하게도... 난 그런 너에게 질투를 느끼고 있었다멍.

그래서 널 괴롭히려고 **diligente** 한 너의 성격을 이용해서 집안일을 떠넘겼다멍.

그 밖에도... 너를 **disponible** 만큼 이용했지멍...

어, 그래...

나 야식 먹었는데, 네가 설거지 담당이니까 해주라.

---

esto ♂ **esta** ♀ : **이것**
에쓰또 / 에쓰따

plata : **은**
쁠라따

primero : **최초의**
쁘리메로

inteligentemente : **영리하게**
인뗄리헨떼멘떼

amable : **친절한**
아마블레

diligente : **근면한**
딜리헨떼

disponible : **이용할 수 있는**
디쓰뽀니블레

네가 떠나고 **vacía** 인 방을 봤을 때 진심으로 후회했다멍.

그래도 말이다멍. 지금이라면 예전처럼…

아니 예전보다 **mejor** 한 사이가 될 수 있지 않을까..멍?

넌 인마냥… 예전에도, 지금도, 그리고 앞으로도냥… 내 **mejor amigo**라고냥!

…흥. 이 바보 자식, 그 말을 이제서야 해주다니냥…

우리 소울 메이트멍…

베스트 프렌드냥…

아, 그렇지멍! 배지도 다시 받았으니 조직에 **otra vez** 복귀하는 거지멍!?

어서 와, 친구!

아니, 그럴 순 없다냥. 이제 와서 무슨 염치로냥…

난 그저 지금까지처럼 나만의 방식으로 너희의 활동을 **apoyo** 하겠다냥.

형 **vacío** ♂ **vacía** ♀ : 텅 빈
바씨오 / 바씨아

형 **mejor** : 더 좋은
메호르

형 **mejor amigo** : 단짝
메호르 아미고

부 **otra vez** : 다시
오뜨라 베쓰

명 **apoyo** : 지지
아뽀요

왜냐멍! 동료들은 아무도 신경 안 쓸 거다멍! 그들은 아직도 너를 **confiar** 하고 있다멍!

그리고 안타깝다멍! 네가 조직에 돌아오면 분명 **más** 한 생명을 구할 수 있을 거다멍!

설사 그렇다 하더라도… 나는 이미 조직을…냥!

 돌아와라멍! 조직의 앞날을 위해선 네가 **necesitar** 하다멍!

나를 **requerir** 해준다니 정말 고맙지만냥…! 나는…냥!!

언제까지
시시덕거릴 거야,
이 자식들아!

찰싹! 찰싹!

뒤를 한번 보라고!
불량배들이 저렇게 **cerca** 하게
따라붙었단 말이야! 빨리 달려!!

아, 알았으니까
채찍으로 **pegar**
하지만 말아주세요냥!

찰싹! 찰싹!

우케케케케,
케훅! 켈록!

드디어 따라잡았다!
이제 한 걸음!!!

어, 어서 떨쳐내!
더 빨리 달려!

우, 우캬아아악!

🗪**confiar** : 신뢰하다
꼰피'아르

🗪**más** : 더 많은
마쓰

🗪**necesitar** : 필요하다
네쎄씨따르

🗪**requerir** : 필요로 하다
르~에께리르

🗪**cerca** : 가까이
쎄르까

🗪**pegar** : 때리다
뻬가르

명 autopista : 고속도로
아우또삐쓰따

명 semáforo : 신호등
쎄마포로

동 atravesar : 건너다
아뜨라베싸르

헉! 끼야아앙아아아아아!
엄마아아아앙아!

빵빠아아아앙!

왜 녀석들을 걱정하는 거야, 인마!

peligroso!

우당탕탕

쿨럭…!
빌어먹을 운전자 녀석…
조심히 **conducir**
해야 할 거 아냐…!

헤헤,
Sorry!

… 아무것도 안 보여… 난 죽어버린 건가…
난 아직 젊은데… 이렇게 **temprano**
죽을 줄은 상상도 못 했어… 그래도… 이 정도면
suficiente 하게 즐기다 가는 거잖아…?

옛날에 울창한 **bosque** 속에서
홀로 원시인처럼 생활하던 나를 형이 거둬줬지.
그날은 눈이 펑펑 내리던 **invierno** 날이었어.

형 **peligroso!** ♀ **peligrosa!** ♂ : 위험해!
뻴리그로쏘! / 뻴리그로싸!

동 **conducir** : 운전하다
꼰두씨르

형 **temprano** ♀ **temprana** ♂ : 일찍
뗌쁘라노 / 뗌쁘라나

형 **suficiente** : 충분한
쑤피^f씨엔떼

명 **bosque** : 숲
보쓰께

명 **invierno** : 겨울
인비에르노

정확히는 12 **mes** 25일, 크리스마스날이었지. 형은 나에게 있어서 그야말로 산타클로스였어.

그 후로도, 내 **insuficiente** 한 부분을 형이 전부 채워줬잖아. 그 덕분에 난 **satisfecha** 한 삶을 살고 가. 정말 고마웠어, 형. 그럼, 안녕...

...아니,

따지고 보면 그 자식이 날 길바닥에 내팽개쳐서 죽게 된 거잖아? 엿밥네?

안 되겠다. **futuro**에 그놈의 자식으로 태어나서 속 엄청나게 썩혀줘야겠어!

... 보스!
괜찮으십니까멍! 일어나십시오멍!

뭐야, 나 아직 **vivo** 하네?

벌떡

휴, 다행이에요냥! 잠깐이지만 진짜로 **muerto** 한 줄 알았잖아요냥!

자식들, 걱정 마라. 이렇게 멀쩡하니까! 그보다 어서 호텔로 가자.
... 훗, 그래서 그렇게 **preocupada** 한 눈빛으로 보고 있던 거냐.

명 **mes** : 월
메쓰

형 **insuficiente** : 부족한
인쑤피f씨엔떼

형 **satisfecho** ♂ **satisfecha** ♀ : 만족스러운
싸띠쓰페f초 / 싸띠쓰페f차

형 **futuro** : 미래
푸f뚜로

형 **vivo** ♂ **viva** ♀ : 살아있는
비보 / 비바

형 **muerto** ♂ **muerta** ♀ : 죽은
무에르또 / 무에르따

형 **preocupado** ♂ **preocupada** ♀ : 걱정스러운
쁘레오꾸빠도 / 쁘레오꾸빠다

그게 말입니다멍…
수레의 **rueda**가 빠져버려서
더는 보스를 모시기
힘들 것 같습니다멍…

그리고 더 큰일 난 건…
저희 지금 포위당해 있어요냥…

크헤헤, 어리석은 놈들.
감히 신호를 위반하다디…

tráfico 법규는
지키라고 있는 거 모르냐!

방심이 큰 화를 부른다고!
이런 한밤중에야말로
particularmente
지켜야 한단 말이다!

그렇지 않으면…
너희처럼 이렇게 험한 꼴을
당하게 되는 거다!

뭣들 하고 있냐!
쳐라!!

히햐아아아아~

명 **rueda** : 바퀴	명 **tráfico** : 교통	부 **particularmente** : 특히
르~우에다	뜨라피'꼬	빠르띠꿀라르멘떼

형 **duro** ♂ **dura** ♀ : 단단한, 어려운
두로 / 두라

동 **presentarse** : 소개하다
쁘레센따르쎄

네가 떠나있는 사이, 모든 멤버들의 배지에 위치 발신기 **función**을 내장시켰거든!

헉, **tecnología**가 어느새 그 정도로 발전해 있었다니…!

아무튼 이제 걱정하지 마라. 너는… 우리의 동료는 우리가 지킨다!

제군들! 지금이야말로 평소 쌓아온 돌팔매질 **entrenamiento**의 성과를 보여줄 때다!

지금의 대열을 **mantener** 하면서!

일제히~

던져라~!

아얏. 얘들아! 겁먹지 말고 **delante** 나아가서 공격해라!

아, 진짜 아파.

큭, 저 자식들이!

퍽

퍽

명 **función** : 기능
푼f씨온

명 **tecnología** : 기술
떼끄놀로히아

명 **entrenamiento** : 훈련
엔뜨레나미엔또

동 **mantener** : 유지하다
만떼네르

부 **delante** : 앞으로
델란떼

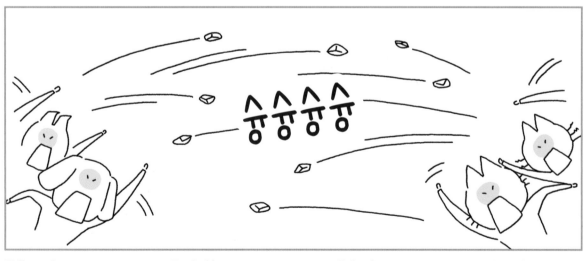

명 **distancia** : 거리 (distance)
디쓰딴씨아

명 **solución** : 해결책
쏠루씨온

부 **detrás** : 뒤로
데뜨라쓰

명 **espejo** : 거울
에쓰뻬호

명 turismo : 관광 여행
뚜리쓰모

형 temprano ♂ temprana ♀ : 일찍
뗌쁘라노 / 뗌쁘라나

명 ida y vuelta : 왕복 여행
이다 이 부엘따

명 promesa : 약속
쁘로메싸

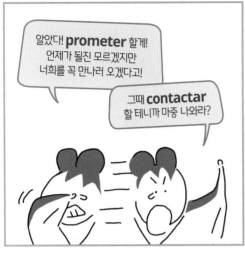

알았다! **prometer** 할게!
언제가 될진 모르겠지만
너희를 꼭 만나러 오겠다고!

그때 **contactar**
할 테니까 마중 나와라?

그럼, 또 보자~!
그때까지 **Tú cuídate**~~!

에? 보스! 저희 연락처도
모르잖습니까멍!

보스 연락처라도
알려주시고 가야죠냥! 보스~~!!

그런 **impactante** 한
사건이 있었다니…

고, 고생 많이 했네.
우리 애기~

아이고,
팔 아파.

아이고,
다리 저려.

어쩌!
팔 **más** 높이 안 들어!?

미, 미안해~
네가 떨어질 줄 정말로
몰랐단 말이야~

그러니까 한 번만
봐주라~ 응?

---

prometer : 약속하다
쁘로메떼르

contactar : 연락하다
꼰딱따르

Tú cuídate. : 몸 건강해.
뚜 꾸이다떼

impactante : 충격적인
임빡딴떼

más : 더, 가장
마쓰

형 **un poco** : 조금
운 뽀꼬

형 **más bajo** ♂ **más baja** ♀ : 더 낮은
마쓰 바호 / 마쓰 바하

동 **oler** : 냄새가 난다
올레르

명 **mal olor** : 악취
말 올로르

부 **creativamente** : 창조적으로
끄레아띠바멘떼

명 **alfombra** : 카펫
알폼브라

🔲 **la semana pasada** : 지난주에
올라 쎄마나 빠싸다

🔲 **esta semana** : 이번 주에
에쓰따 쎄마나

🔲 **la próxima semana** : 다음 주에
올라 쁘록씨마 쎄마나

🔲 **calcetines** : 양말
깔쎄띠네쓰

🔲 **lavarse** : 씻다
올라바르쎄

🔲 **ducharse** : 샤워하다
두차르쎄

🔲 **sofá** : 소파
쏘파ᶠ

명 **bañera** : 욕조
바녜라

명 **agua caliente** : 더운물
아구아 깔리엔떼

동 **llenar** : 채우다
예나르

명 **cuerpo** : 몸
꾸에르뽀

동 **quitarse** : 벗다
끼따르쎄

동 **girar** : 돌다
히라르

난 **jabón**으로
몸 씻으면 안 된다고!

내 **suave** 한 털들이
수세미처럼 뻣뻣해진단 말이얏!

미, 미안...

갑자기 재미있는 게 떠올랐어.
이거 보고 용서해줘!

자, 거품으로 **pelo**를
요렇게 세팅하고~

코 밑에다가 거품을
이렇게 죽 그어주면~

짠!
completar 했습니다!
프레디 머큐리~

으캬캬!
쌍둥이 아냐?

ㅋㅋㅋㅋ

완전 **similar** 하지?

ㅋㅋㅋㅋㅋㅋ

아! 물 다 받아졌다.
들어가자!

흐아아아~ 따뜻해~

녹는다, 녹아~

명 **jabón** : 비누
하본

형 **suave** : 부드러운
쑤아베

명 **pelo** : 머리카락
뺄로

동 **completar** : 완성하다
꼼쁠레따르

형 **similar** : 비슷한
씨밀라르

형! 우리 잠수 대결할래?

좋지! 진 사람 딱밤 맞기다? 그럼 바로 시작!

이 **silencioso** 한 분위기... 뭐지?

··· 불안해. 뭐 하고 있는지 문 **brecha**로 살짝 엿봐야겠어!

둥둥둥

꺄! 꺄아아아악! 시체다~~!!

끼익

····그러니까 둘이 장난치다가 그 꼴이 된 거라고?

으휴, 이 미련한 것들아! 문이 **abierta** 했으니 망정이지. 잠겨 있었으면 큰일 날 뻔했잖아!

꼬르륵...

응... 걱정 끼쳐서 미안해...

구해줘서 감사...

형 **silencioso** ♀ **silenciosa** ♀ : **조용한**
씰렌씨오쏘 / 씰렌씨오싸

명 **brecha** : **틈**
브레차

형 **abierto** ♀ **abierta** ♀ : **열린**
아비에르또 / 아비에르따

그리고 내가 평소에 CPR을 **practicar** 해둬서 다행인 줄 알아! 아니면 너넨 지금쯤 하나님 오른편에 앉아 있었을 테니까!

아무튼, **aire acondicionado** 빵빵하게 틀어놨으니까 찬 기운으로 열부터 가라앉혀.

아, 어쩐지 **fresco** 하더라~ 땡큐!

시원한 건 그 때문만은 아닐 텐데…

슬슬 옷 좀 **vestir** 해주지? 보고 있기 민망하니까.

에구머니나!

크흠

후다닥

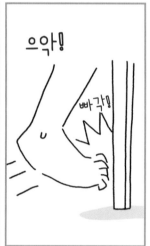

으악!

빠각!

dedo del pie 찧었어. 진짜 아파! 크으…!

누구야! 책상 앞에 있어야 할 **silla**를 여기에 가져다 놓은 녀석이!

…이 화상들을 도대체 어찌할고…

에휴, 나 씻고 온다.

동 practicar : **연습하다**
쁘락띠까르

명 aire acondicionado : **에어컨**
아이레 아꼰디씨오나도

형 fresco ♂ fresca ♀ : **시원한, 신선한**
프레쓰꼬 / 프레쓰까

동 vestir : **입다**
베쓰띠르

명 dedo del pie : **발가락**
데도 델 삐에

명 silla : **의자**
씨야

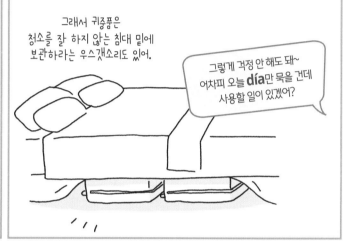

명 **nevera** : 냉장고	명 **tarifa** : 요금	명 **caja de seguridad** : 금고	명 **clave** : 비밀번호
네베라	따리파ᶠ	까하 데 쎄구리닫	끌라베

명 **día** : 하루, 낮	명 **wi-fi** : 무선인터넷	명 **folleto** : 안내 책자	
디아	위피ᶠ	포ᶠ예또	

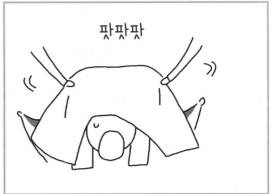

형 **frío** ♀ **fría** ♀ : 추운
프'리오 / 프'리아

형 **húmedo** ♀ **húmeda** ♀ : 젖은, 습한
우메도 / 우메다

명 **toalla** : 수건
또아야

명 **peine** : 빗
뻬이네

어머, 이게 누구야~?
우리 동생 엄청
뽀송뽀송해졌네~?

엥? 잠들었네.
하긴 피곤할 만도 하지…

ZZZ

piso에서 재우면
입 돌아갈 테니까
침대로 옮겨주고.

살짝

따뜻하게 이불도
cubrir 해주고.

스윽

난 뭐하지?
심심하니까 핸드폰으로
internet이라도 할까?

...

엄청 느리네? 집어치우고
televisión이나 보자.

휙

명 piso : **바닥, 마루, 층**
삐쏘

동 cubrir : **덮다**
꾸브리르

명 internet : **인터넷**
인떼르넷

명 televisión : **텔레비전**
뗄레비씨온

몡 **desierto** : 사막	몡 **ambiente** : 환경	몡 **volcán** : 화산	몡 **actividad** : 활동
데씨에르또	암비엔떼	볼깐	악띠비닫

몡 **tasa de cambio** : 환율	혱 **financiero** ♂ **financiera** ♀ : 금융의	몡 **caso** : 문제 (issue), 경우
따싸 데 깜비오	피ᶠ난씨에로 / 피ᶠ난씨에라	까쏘

환경문제를 개선하기 위해선 **internacional** 한 관심이 필요하지. 실로 바람직해.

끄덕끄덕

그렇지만 난 심심하단 말이야. 좀 더 흥미로운 **noticias** 없나?

뼥

… 다음은 이탈리아 **doméstica** 소식입니다.

TOPNEW

한밤중에 무단으로 도로를 점유하여 서로 **piedra**를 던지며 싸우고 있던 동물들이 경찰에 의해 집단으로 검거되었습니다.

그들을 체포한 **policía**로부터 개들이 로마를 지키기 위한 사투를 벌였다는 진술을 입수했습니다.

개인 정보를 이용한 범죄조직 호롤로냥이란 곳과 대적해…

허허허, 살다 보니 별일을 다 보는구나.

하지만, 비록 그것이 **verdadera**인 이야기일지라도 그들은 도로법을 위반했기에 최소 징역 1년의…

ㅋㅋ 이거야말로 오늘의 **principal** 한 뉴스감이네.

까먹음 →

그나저나, 이런 한밤중에 일하다니 굉장히 **fiel** 한 녀석들이네.

나 같이 **perezoso** 한 사람은 일 끝나고 집에 들어가면 손 하나 꼼짝하기 싫은데 말이야.

혱 **internacional** : 국제적인
인떼르나씨오날

혱 **noticias** : 뉴스
노띠씨아쓰

혱 **doméstico** ♂ **doméstica** ♀ : 국내의, 집안의
도메쓰띠꼬 / 도메쓰띠까

혱 **piedra** : 돌
삐에드라

명 **policía** : 경찰
뽈리씨아

혱 **verdadero** ♂ **verdadera** ♀ : 진짜인
베르다데로 / 베르다데라

혱 **principal** : 주요한
쁘린씨빨

혱 **fiel** : 성실한
피'엘

혱 **perezoso** ♂ **perezosa** ♀ : 게으른
뻬레쏘쏘 / 뻬레쏘싸

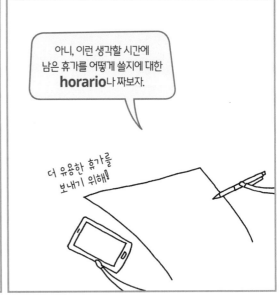

domingo	lunes	martes	miércoles	jueves	viernes	sábado
1	2	3	4	5	6	7
8	9	10	11	12	13	14
15	16	17	18	19	20	21
22	23	24	25	26	27	28
29	30	31				

그러기 위해선 일단 **calendario**를 봐야겠지.

명 **vacaciones** : 휴가
바까씨오네쓰

명 **día festivo** : 휴일
디아 페f쓰띠보

명 **horario** : 시간표
오라리오

명 **calendario** : 달력
깔렌다리오

명 **domingo** : 일요일
도밍고

명 **lunes** : 월요일
울루네쓰

명 **martes** : 화요일
마르떼쓰

명 **miércoles** : 수요일
미에르꼴레쓰

명 **jueves** : 목요일
후에베쓰

명 **viernes** : 금요일
비에르네쓰

명 **sábado** : 토요일
싸바도

내일이 며칠이더라? **fecha**를 보니 12일… 목요일이군.

좋아, 내일은 아침에 일어나서 밥을 먹고~

날이 화창하다면 식후 산책으로 동네를 한 바퀴 돌았으면 좋겠어.

이 이탈리아라는 **nacional**의 생생한 아침을 이 눈에 직접 담고 싶거든.

그런 **directa** 한 체험이 기억에 오래 남는 법이니까.

아, 그런데 정작 **soleado** 한 날씨가 아니면 어떡하지?

nublado 한 날이면 건물이고 사람이고 죄다 우중충해 보일 텐데…

그런 건 딱 질색이라고. 스마트폰으로 내일 날씨를 확인해봐야겠다.

… 그런데 내가 이렇게 저렇게 하자고 **oferta** 해봤자 어차피 저 녀석 뜻대로 흘러갈 거잖아?

저 녀석 머릿속엔 이미 **completo** 한 플랜이 세워져 있을 테니까.

형 **fecha** : **날짜**
페차

형 **nacional** : **국가의**
나씨오날

형 **directo** ♂ **directa** ♀ : **직접적인**
디렉또 / 디렉따

형 **soleado** ♂ **soleada** ♀ : **화창한**
쏠레아도 / 쏠레아다

형 **nublado** ♂ **nublada** ♀ : **흐린**
누블라도 / 누블라다

명 **oferta** : **제의**
오페르따

형 **completo** ♂ **completa** ♀ : **완전한**
꼼쁠레또 / 꼼쁠레따

안 해, 안 해.

뒹굴

후,~시원하다.
야, 너 **ropa para lavar**
어디에다가 모아놨어?

끼익

저기 구석에. 왜?
네 옷도 같이 모아놓게?

호랑이도
제 말 하면
온다더니.

아니, 혹시라도 섞일까 봐.
내 **ropa** 썩으면 곤란하잖아.

빠직

야, 이리 와서 마사지나 좀 해봐.
머리부터 발끝까지 죄다 뭉친 것 같아.

어디 한번
당해봐라!

그래,
그래.

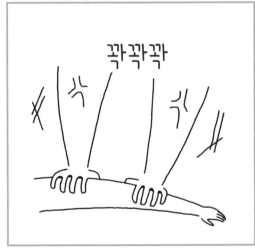

꾹꾹꾹

어우, 시원해. 너 잘한다?
불편했던 부위의 **exacto** 한
위치를 한방에 짚어버리네?

명 **ropa para lavar** : 세탁물
르~오빠 빠라 올라바르

명 **ropa** : 옷
르~오빠

형 **exacto** ♂ **exacta** ♀ : 정확한
엑싹또 / 엑싹따

좋아, 좋아. 이번엔 **opuesto** 팔 주물러줘.
... 그, 그래.

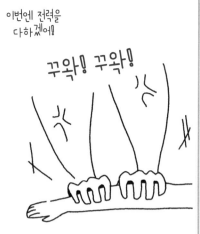
이번엔 전력을 다하겠어!
꾸욱!! 꾸욱!!

오오!! 옳지, 잘한다.
이번엔 **cuello**. 요새 회사에서 모니터만 보다 보니 뻐근해져서 말이야~

그게 끝나면 **cintura** 부탁해. 마찬가지로 회사에서 너무 앉아만 있었더니 말이야~
... 응.
야, 등은 **saltar** 하고 허리나 해. 내가 목 다음엔 허리라고 했잖아?
응… 미안…
꽉꽉꽉

으음~ 이제 **suficiente** 한 느낌이야. 고생했어~ 땡큐~
헤헤…

나 갑자기 배고파. 그러고 보니 우리 **cena**도 못하고 돌아다녔잖아.
그러게. 늦긴 했지만 **servicio de habitación**으로 시켜 먹을까?
벌떡!

좋아, 좋아! 근데 일단 **seca** 한 목을 적시고 싶은데.
그러면 시원한 **cerveza**도 주문해서 밥이랑 같이 먹자.

형 **opuesto** ♂ **opuesta** ♀ : 반대쪽의
오뿌에쓰또 / 오뿌에쓰따

명 **cuello** : 목
꾸에요

명 **cintura** : 허리
씬뚜라

동 **saltar** : 넘기다
쌀따르

형 **suficiente** : 충분한
쑤피'씨엔떼

명 **cena** : 저녁 식사
쎄나

명 **servicio de habitación** : 룸서비스
쎄르비씨오 데 아비따씨온

형 **seco** ♂ **seca** ♀ : 건조한
쎄꼬 / 쎄까

명 **cerveza** : 맥주
쎄르베싸

형 sabio ♂ / sabia ♀ : 지혜로운	표 ¿Dígame? : 여보세요?	형 extra : 추가의	동 incluir : 포함하다
싸비오 / 싸비아	¿디가메?	엑쓰뜨라	인끌루이르

명 comisión por el servicio : 봉사료	명 tarifa de la habitación : 객실 가격
꼬미씨온 뽀르 엘 쎄르비씨오	따리파f 데 올라 아비따씨온

아얏! 이를 어째! 침대에 흘려버렸어. 미안.

괜찮아, 다행히 **colcha**에만 살짝 묻었네. 알아서 마를 거야.

ㅋㅋㅋㅋ

ㅋㅋㅋ

자, 그럼 다 먹었지? **diente** 닦고 우리도 이만 자자.

치카치카

불 끈다~

아, 안 돼. 난 잘 때 무서워서 집에서도 **lámpara** 켜고 잔단 말이야.

그럼 너무 **claro** 하니까 조금만 어둡게 할게.

후아~ 푹신푹신한 **almohada**, 기분 좋다~

edredón도 부들부들하니 따뜻해~

명 **colcha** : 침대 커버
꼴차

명 **diente** : 치아
디엔떼

명 **lámpara** : 전등
올람빠라

형 **claro** ♂ **clara** ♀ : 밝은
끌라로 / 끌라라

명 **almohada** : 베개
알모아다

명 **edredón** : 이불
에드레돈

아, 맞다. 먹고 바로 **tumbarse** 하면 역류성 식도염 걸리는데…

 얼씨구, 네가 언제부터 그렇게 **salud**을 챙겼다고 그러냐.

 그렇긴 하지~?

조용—

그런데 이 동네 진짜 조용하다. **ruido**가 거의 없어.

ㅋㅋㅋ

··· **Adivina qué.** 우리 알고 지낸 지 얼마나 됐지?

글쎄? 우리가 **bebé**였을 때부터 봐왔으니까 엄청 오래됐지.

그치··· 엄청 오래됐어···

근데 생뚱맞게 갑자기 왜 이런 얘기를?

··· 그거 기억나?

어렸을 때 너 혼자 자정 무렵까지 내 **cumpleaños**를 축하해줬던 거.

아, 기억나지. 그때 우리 **edad**이 아마 9살이었을 걸?

응, 그날 저녁에 친구들과 생일 **fiesta** 하려고 엄마랑 같이 아침부터 음식을 정성껏 준비하고,

점심에 친구들을 찾아가서 **invitación**장을 돌렸지.

명 **tumbarse** : 눕다
뚬바르쎄

명 **salud** : 건강
쌀룻

명 **ruido** : 소음
르~우이도

관 **Adivina qué.** : 있잖아.
아디비나 께.

명 **bebé** : 아기
베베

명 **cumpleaños** : 생일
꿈쁠레아뇨쓰

명 **edad** : 나이
에닫

명 **fiesta** : 파티
피'에쓰따

명 **invitación** : 초대
인비따씨온

그런데… 저녁이 되었는데도
아무도 오질 않았어…
tarta에 꽂아 놓았던 9개의 초는
모두 녹아내릴 참이었지.

그때, 네가 부리나케 찾아와
나와 함께 초를 **soplar** 해줬잖아.

전날 너와 싸우는 바람에
너만 **invitar** 하지 않았는데 말이야…

그래서 내가 얼마나 미안하고
고마웠는지 넌 모를 거야…

벌떡

ㅋㅋㅋ 그랬냐?
근데 생뚱맞게
갑자기 왜 이런 얘기?

나 말이야…
너를 **gustar** 해.

명 tarta : 케이크
따르따

동 soplar : 불다
쏘쁠라르

동 invitar : 초대하다, 권하다
인비따르

동 gustar : 좋아하다
구쓰따르

통darse cuenta : 깨닫다
다르쎄 꾸엔따

통amar : 사랑하다
아마르

명amigo ♂ amiga : 친구
아미고 / 아미가

명familia : 가족
파ᶠ밀리아

명marido : 남편
마리도

명mujer : 부인, 여자
무헤르

명cocina : 부엌
꼬씨나

나는 곧바로 **baño**에 들어가 샤워를 하면서 그날 있었던 피로를 풀어내지.

식사 후엔 함께 **sala de estar**에 앉아 TV를 보며 이야기를 나누는 거야.

그리고 밤이 찾아오면 함께 **habitación**에 들어가서…

그만!! 그만!!!

네 얘기는 지금 은하철도를 타고 안드로메다로 향하고 있어!

그보다, 결혼이란 게 그렇게 **fácil**한 일이야?

서로의 가족이 합치는 건데 우리끼리 **decisión**할 일이 아니잖아.

이런 중대한 **asunto**에 대해선 서로 가족들과 깊게 얘기를 나눠봐야지.

… 너도 꼭 싫은 것만은 아닌가 보네?

헉! 아니, 그게 아니라.

너 때문에 쿵쾅거리고 있는 내 **corazón** 소리 들려?

차, 착각하지 마! 너 아까 커피 많이 마셔서 그런 거야!

명 **baño** : 욕실, 화장실	명 **sala de estar** : 거실	명 **habitación** : 침실, 방	형 **fácil** : 간단한
바뇨	쌀라 데 에쓰따르	아비따씨온	파씰

명 **decisión** : 결정	명 **asunto** : 사안	명 **corazón** : 심장
데씨씨온	아쑨또	꼬라쏜

영 cerrado 👦 cerrada 👧 : 닫힌	명 línea : 선	표 No. : 안돼 안돼.	표 ¡Au! : 아프다!
쎄르~아도 / 쎄르~아다	을리네아	노.	¡아우!

... 으응? 주먹 위로 느껴지는 이 묵직한 감촉은 뭐지...?

이 자식이...

하도 안 일어나길래 깨워주려고 했더니 갑자기 주먹질하고 난리야…!
죽을래...!?

어라?
아침…?
너 어젯밤에 나한테 고백… 어라?

퍽
퍽

? 무슨 이상한 **sueño**라도 꾼 거야?

왜 **despertarse** 하자마자 얼 타고 그래? 바보같이.

엥? 그게 꿈이었다고?
흠… 그런 것 치고는 굉장히 **claro** 한 느낌이었는데…

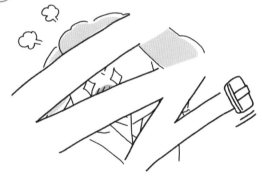

그러니까 침대에 눕고 나서…
아, 안 되겠다. **goma**로 지워진 것처럼 아무것도 안 떠올라.

그보다 곧 **entrega de habitación** 시간이니까 얼른 나갈 준비나 해.

자칫하다간 또 추가 요금 가지고 실랑이 벌이겠어.

¡Uy!
그럼 안 되지!

허둥지둥

명 **sueño** : 꿈
쑤에뇨

동 **despertarse** : 잠에서 깨다, 일어나다
데쓰뻬르따르쎄

형 **claro** ♂ **clara** ♀ : 분명한
끌라로 / 끌라라

명 **goma** : 지우개
고마

명 **entrega de habitación** : 체크 아웃
엔뜨레가 데 아비따씨온

감 **¡Uy!** : 이런!
¡우이!

명 alarma : 알람
알라마

동 servir : 제공하다
쎄르비르

동 quedarse : 머물다
께다르쎄

명 momento : 순간
모멘또

명 **esperanza** : 희망
에쓰뻬란싸

명 **golf** : 골프
골프^f

명 **anillo** : 반지
아니요

04 스페인어의 시간

스페인어의 시간은 우리와 비슷합니다. 12시간을 기준으로 말하기도 하고
때로는 24시간 기준 **Hora militar**[오라 밀리따르] 으로 말하기도 합니다.
12시간 기준으로 말할 때, 지금이 새벽인지, 밤인지, 낮인지 구분해줍니다.

¿Qué hora es?
[께 오라 에쓰?]
몇 시야?

24시간 말하는 법

1시 10분

¹***Es*** ²***la 1(una) y*** ³***10(diez) de la mañana.***

에쓰 / 을라 우나 / 이 / 디에쓰 / 데 을라 마냐나

~입니다 / 1시 / 그리고 / 10분 / 오전

¹ 시간에 따른 동사

일반적으로 **Son**(복수)을 쓰고, 새벽 1시와 오후 1시일 때만 **Es**(단수)를 사용합니다.

² 시간 앞에 정관사

일반적으로 **Las**(복수)를 붙이고, 새벽 1시와 오후 1시일 때만 **La**(단수)를 사용합니다.

³ 숫자는 기수사

시간이든 분이든, 앞에서 배운 기수사를 사용합니다.

2시 15분

Son las dos y cuarto de la tarde
[쏜 / 을라쓰 도쓰 / 이 / 꾸아르또 / 데 을라 따르데]
~입니다 / 2시 / 그리고 / 1/4 (4분의 1) / 낮

스페인어에도 '15분' 단위에만 쓰는 표현이 있습니다.
바로 '4분의 1'을 의미하는 cuarto라는 표현이죠.
모양과 의미가 영어의 **quarter**와 유사합니다.

2시 30분

Son las dos y media de la tarde
[쏜 / 을라쓰 도쓰 / 이 / 메디아 / 데 을라 따르데]
~입니다 / 2시 / 그리고 / 중간의 / 낮

우리말로 2시 30분을 '두시 반이야.'라고 하죠.
media는 '반'을 의미하는 표현입니다.

2시 45분

Son las tres menos cuarto
[쏜 / 을라쓰 뜨레쓰 / 메노쓰 / 꾸아르또]
~입니다 / 3시 / 보다 적게 / 1/4 (4분의 1)

우리말로 '3시 15분 전이야.'라고 하는 표현입니다.
menos는 '~보다 전'을 의미합니다.

🌙	자정, 밤 12시	*las 12* de la noche *las 12* de la medianoche	˚라쓰 도쎄 데 ˚라 노체 ˚라쓰 도쎄 데 ˚라 메디아노체
	새벽 1시	*la 1* de la mañana	˚라 우나 데 ˚라 마냐나
	새벽 2시	*las 2* de la mañana	˚라쓰 도쓰 데 ˚라 마냐나
	새벽 3시	*las 3* de la mañana	˚라쓰 뜨레쓰 데 ˚라 마냐나
	새벽 4시	*las 4* de la mañana	˚라쓰 꾸아뜨로 데 ˚라 마냐나
	새벽 5시	*las 5* de la mañana	˚라쓰 씽꼬 데 ˚라 마냐나
	새벽 6시	*las 6* de la mañana	˚라쓰 쎄이쓰 데 ˚라 마냐나
	아침 7시	*las 7* de la mañana	˚라쓰 씨에떼 데 ˚라 마냐나
	아침 8시	*las 8* de la mañana	˚라쓰 오쪼 데 ˚라 마냐나
	아침 9시	*las 9* de la mañana	˚라쓰 누에베 데 ˚라 마냐나
	아침 10시	*las 10* de la mañana	˚라쓰 디에쓰 데 ˚라 마냐나
☀	아침 11시	*las 11* de la mañana	˚라쓰 온쎄 데 ˚라 마냐나
	낮 12시	*las 12* del mediodía *las 12* de la tarde	˚라쓰 도쎄 델 메디오디아 ˚라쓰 도쎄 데 ˚라 따르데
	낮 1시	*la 1* de la tarde	˚라 우나 데 ˚라 따르데
	낮 2시	*las 2* de la tarde	˚라쓰 도쓰 데 ˚라 따르데
	낮 3시	*las 3* de la tarde	˚라쓰 뜨레쓰 데 ˚라 따르데
	낮 4시	*las 4* de la tarde	˚라쓰 꾸아뜨로 데 ˚라 따르데
	낮 5시	*las 5* de la tarde	˚라쓰 씽꼬 데 ˚라 따르데
🌙	밤 6시	*las 6* de la tarde	˚라쓰 쎄이쓰 데 ˚라 따르데
	밤 7시	*las 7* de la tarde	˚라쓰 씨에떼 데 ˚라 따르데
	밤 8시	*las 8* de la noche	˚라쓰 오초 데 ˚라 노체
	밤 9시	*las 9* de la noche	˚라쓰 누에베 데 ˚라 노체
	밤 10시	*las 10* de la noche	˚라쓰 디에쓰 데 ˚라 노체
	밤 11시	*las 11* de la noche	˚라쓰 온쎄 데 ˚라 노체

5장

묻어가는 게 최선!
지리를 모를 땐 옆 사람에게

와~
비 온다~!

가는 날이 장날이라더니···
비가 억수로 와 버리네.

괜찮아. 어차피 오늘은
우리 아빠의 여동생,
그러니까 **tía**네 집으로
곧장 갈 생각이었거든.

우리 오빠,
아니 네 아빠는
잘 지내지?

그리고 **mañana**,
뉴질랜드 북섬 북단에 있는
뉴질랜드 최대의 도시인
이 오클랜드를 살짝 돌아본 다음,

오클랜드

pasado mañana,
오클랜드에서 버스를 타고 남단에 있는
뉴질랜드의 수도인 웰링턴으로
내려가서 하룻밤 묵고,

웰링턴

명 **tía** : 고모
띠아

명 **mañana** : 내일, 아침
마냐나

부 **pasado mañana** : 모레
빠싸도 마냐나

글피에 북섬에서 남섬으로 페리를 타고 이동해서 그 뒤로는 쭉 **sur** 섬을 여행할 거야!

norte 섬에서 남섬으로? 아, 혹시 뉴질랜드가 섬나라야?

응응. 뉴질랜드는 두 개의 큰 섬과 그 밖의 수많은 작은 섬들로 이루어진 오세아니아의 섬나라야. 뉴질랜드의 **oeste**로 1,500km 정도 떨어진 곳에는 오스트레일리아가 있고, **este**로는 드넓은 태평양이 펼쳐져 있어.

오스트레일리아

1,500km

태평양

이렇게 외진 곳에 있었기 때문에 인간이 마지막으로 발견한 섬 중 하나였다고 해!

아니, 이런 곳에 섬이?!

호오, 그렇구나~ 그런데 너희 고모가 여기 사셔?

응. 고모의 남편, 그러니까 **tío**랑 같이 초밥집을 운영하고 계셔.

명 sur : 남쪽
쑤르

명 norte : 북쪽
노르떼

명 oeste : 서쪽
오에쓰떼

명 este : 동쪽
에쓰떼

명 tío : 고모부
띠오

동**decidir** : 결정하다
데씨디르

동**ahorrar** : 아끼다
아오르~아르

명**dirección** : 주소, 방향
디렉씨온

명**enfermedad** : 질병
엔페ʳ르메닫

명**comisaría** : 경찰서
꼬미사리아

명**paraguas** : 우산
빠라구아쓰

명 **lado** : 옆
올라도

아잇! 뭐야, 저 차는! **pantalón**에 물 다 튀었잖아!

쌤통이다. 그러니까 옆으로 오라고 했잖아.

ㅋㅋㅋㅋ

어휴...

그보다 **dirección**은 이쪽이 확실한 거야? 아까부터 같은 곳을 뱅뱅 돌고 있는 것 같은데!?

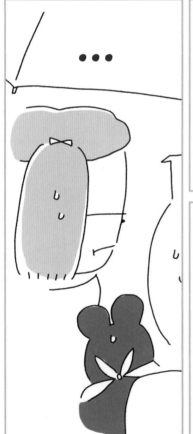

• • •

너, 설마… **perdida** 한 거야?

너만 믿고 따라오라며!

흠칫!

지, 진정하고 기다려봐. 고모한테 **mensaje de texto**로 SOS 보내 놨으니까.

고모 ㅠㅠ 저 길 잃은 거 같아요 ㅠㅠ 경찰한테 물어봐서 가는 중이었는데 가면 갈수록 같은 곳만 도는 것 같은 느낌이 들고... 어떻게 해야 할지 모르겠어요 ㅠㅠ

몡**pantalón** : 바지
빤딸론

몡**dirección** : 방향, 주소
디렉씨온

톙**perdido** ♂ **perdida** ♀ : 길을 잃은
베르디도 / 베르디다

몡**mensaje de texto** : 문자 메시지
멘싸헤 데 떽쓰또

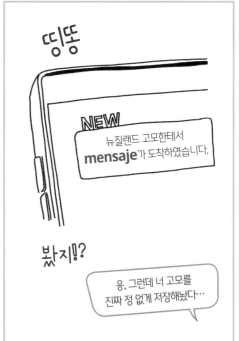

동 **llamar** : 전화하다
야마르

동 **responder** : 답장하다
ㄹ~에쓰뽄데르

명 **mensaje** : 메시지
멘싸헤

명 **ubicación** : 위치
우비까씨온

명 **edificio** : 빌딩
에디피f씨오

고모 장난하니? 좀 더 구체적으로 말해보렴.

나 사람이 티고 앉아 두 다리의 힘으로 바퀴를 돌려서 가게 만든 **bicicleta**를 파는 가게가 보여요.

고모 오케이. 지금 나랑 해보자는 거지?

나 **¿En serio.**~ 농담이죠~ 헤헷.

나 어… 뭐랄까. 엄청난 부자들이 살 것만 같은 고층의 **apartamento**가 보여요.

고모 호호호. 제대로 찾아왔네~ 그쪽이 우리 집이란다.

명 **bicicleta** : 자전거
비씨끌레따

관 **¿En serio.** : 그럴 리가요.
¿엔 쎄리오.

명 **apartamento** : 아파트
아빠르따멘또

뭐야, 여기였어?
코앞에 두고 헤맸네.

그런데 대박이다.
고모님 엄청 **éxito** 하셨네.

...님?

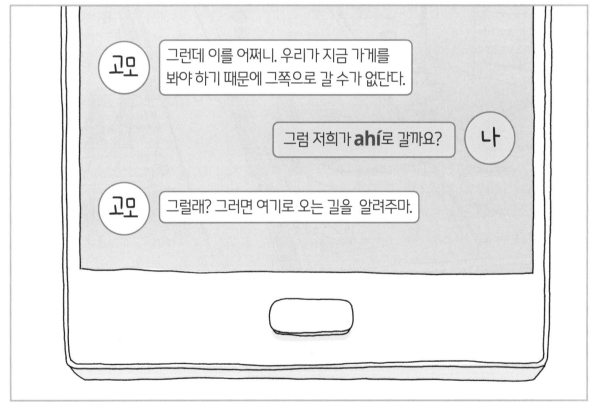

고모 그런데 이를 어쩌니. 우리가 지금 가게를 봐야 하기 때문에 그쪽으로 갈 수가 없단다.

그럼 저희가 **ahí**로 갈까요? **나**

고모 그럴래? 그러면 여기로 오는 길을 알려주마.

명**éxito** : 성공
엑씨또

부**ahí** : 그쪽
아이

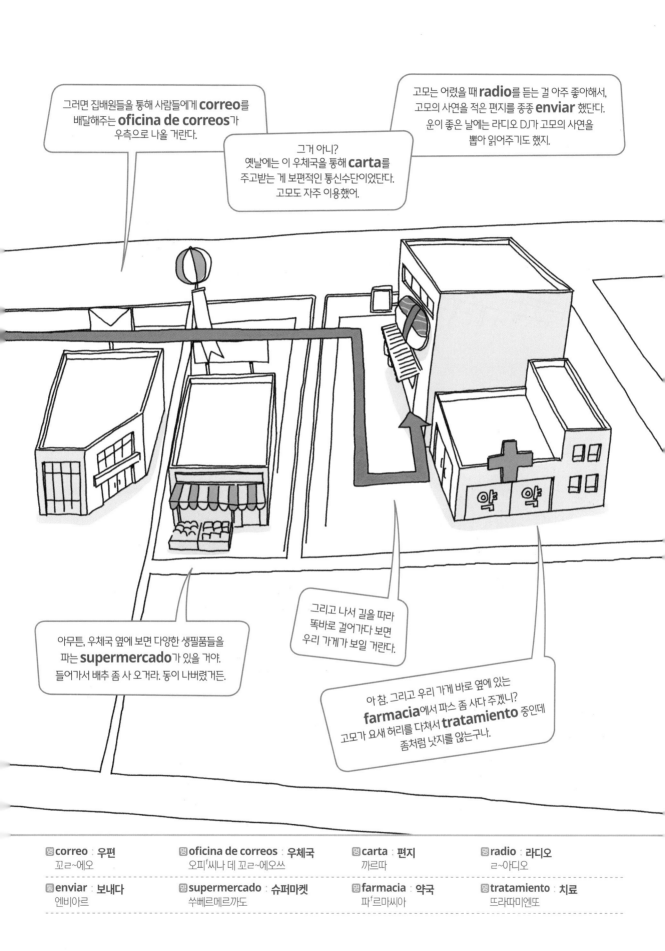

그러면 집배원들을 통해 사람들에게 **correo**를 배달해주는 **oficina de correos**가 우측으로 나올 거란다.

그거 아니? 옛날에는 이 우체국을 통해 **carta**를 주고받는 게 보편적인 통신수단이었단다. 고모도 자주 이용했어.

고모는 어렸을 때 **radio**를 듣는 걸 아주 좋아해서, 고모의 사연을 적은 편지를 종종 **enviar** 했단다. 운이 좋은 날에는 라디오 DJ가 고모의 사연을 뽑아 읽어주기도 했지.

아무튼, 우체국 옆에 보면 다양한 생필품들을 파는 **supermercado**가 있을 거야. 들어가서 배추 좀 사 오거라. 동이 나버렸거든.

그리고 나서 길을 따라 똑바로 걸어가다 보면 우리 가게가 보일 거란다.

아 참. 그리고 우리 가게 바로 옆에 있는 **farmacia**에서 파스 좀 사다 주겠니? 고모가 요새 허리를 다쳐서 **tratamiento** 중인데 좀처럼 낫지를 않는구나.

圀**correo** : 우편
꼬르~에오

圀**oficina de correos** : 우체국
오피ᶠ씨나 데 꼬르~에오쓰

圀**carta** : 편지
까르따

圀**radio** : 라디오
르~아디오

圀**enviar** : 보내다
엔비아르

圀**supermercado** : 슈퍼마켓
쑤뻬르메르까도

圀**farmacia** : 약국
파ᶠ르마씨아

圀**tratamiento** : 치료
뜨라따미엔또

명 **batería** : 배터리
바떼리아

명 **izquierda** : 왼쪽
이쓰끼에르다

명 bombero : 소방관
봄베로

명 derecha : 오른쪽
데레차

부 recto : 똑바로
르~엑또

동 olvidarse : 잊다
올비다르쎄

📖 **¡Disculpe!** : 실례합니다.
¡디쓰꿀뻬!

이야~ 우리 조카 못 본 사이 숙녀가 다 되었구나. 그래, 부모님은 건강히 잘 지내시고?

호호호

그럼요~ 항상 **sano** 한 분이시잖아요.

몇 년 전에 전해 듣기로는 신문사에서 **artículo** 쓰는 일을 한다고 했던 것 같은데.

그거 다행이구나. 아, 네 언니는 일 잘하고 있다니?

아~ 그 **periódico**사에서는 진작에 해고당했어요.

자기네 회사와 정계의 유착을 비판하는 내용을 인터넷 기사 **texto** 안에 실어 상사 몰래 업로드 했거든요.

그것도 자그마치 30 **página** 분량의 기사로 말이에요.

그거 정말 당차구나.

그래서 지금은 무슨 일 한다니?

현재는 프리랜서인데, 외국어 자료를 우리말로 번역해주는 **traductora**로 지내고 있어요.

그런데 그것도 곧 그만둘 거 같아요. 외국어 실력도 쥐뿔도 없어서 단어 **diccionario**만 종일 들여다보거든요.

sano ♀ **sana** : 건강한
싸노 / 싸나

artículo : 기사, 품목
아르띠꿀로

periódico : 신문
뻬리오디꼬

texto : 본문, 텍스트
떽쓰또

página : 페이지
빠히나

traductor ♀ **traductora** : 번역가
뜨라둑또르 / 뜨라둑또라

diccionario : 사전
딕씨오나리오

🗣 **¡Mucho gusto!** : 처음 뵙겠습니다.
무초 구스또

🔵 **entrega** : 배달
엔뜨레가

🔵 **cigarrillo** : 담배
씨가르~이요

🗣 **No fumar.** : 흡연 금지.
노 푸'마르.

🗣 **reparar** : 고치다
르~에빠라르

여기 앞접시 좀 주세요~

네네, 갑니다~

젓가락 떨궜어요.
새로 가져다주세요~

양파 좀 **Más, por favor~**

고모, 일손이 부족하신 것 같은데
¿Podemos nosotros ayudarte?

어머, 고맙구나.

그럼 넌 저 손님에게
새 **palillos** 좀 가져다드리렴.

친구는 저기 윗쪽에 들어있는
앞접시를 손님에게 가져다줄래?
baja 한 이 아줌마는
높은 곳에 손이 잘 안 닿아서 말이야.
허리도 안 좋고…

alto 한 친구가 때마침
있어 줘서 정말 다행이구나.

우리 작은 친구는 주방 안에 들어가서
얼른 양파 좀 다듬어 주겠니?

양파는 냉장고 옆에 있는
caja 안에 들어 있단다.

그렇게 **duro** 한 일도 아니네요!
저희한테 맡겨만 주세요!

듬직하구나.
자, 손님들 기다리신다!
모두 화이팅하자꾸나!

📖 **Más, por favor.** : 더 주세요.
마쓰 뽀르 파'보르.

📖 **¿Podemos nosotros ayudarte?** : 저희가 도와 드릴까요?
뽀데모스 노소뜨로스 아유다르떼?

📛 **palillos** : 젓가락
빨리요쓰

📛 **bajo** 👨 **baja** 👩 : 키가 작은, 낮은
바호 / 바하

📛 **alto** 👨 **alta** 👩 : 키가 큰, 높은
알또 / 알따

📛 **caja** : 상자
까하

📛 **duro** 👨 **dura** 👩 : 어려운, 단단한
두로 / 두라

후후후

오늘은 평소보다 더 많이 판 것 같구나!

다들 고생 많았다! 문 닫자!

고모님도 **Buen trabajo**!

끼얏호! 오늘은 회식이구나!

드르륵

나 왔어~ 어이구, 이게 누구야! 우리 조카 아냐!

고모부~ 오랜만이에요~

안녕하세요!

당신! 뭐 하느라 이제 오는 거예요! **entrega**를 무슨 베트남까지 갔다 오시기라도 한 거예요!?

📖 **Buen trabajo.** : 수고하셨습니다.
부엔 뜨라바호.

📗 **entrega** : 배달
엔뜨레가

뭔 헛소리야!
배달은 진작에 끝내고
우리 사랑스러운 외동 **hija**
데리러 학교 갔다 온 거야!

그치? 우리 딸?

…응.

어머,
¡Cuánto tiempo!
잘 지냈니?

너희도 인사해.
내 **prima** 동생이야.
귀엽지?

안녕.
만나서 반갑다!

나만큼 귀엽네!

학교는 한참 전에
끝났을 거 아니야?
도대체 둘이서 뭐 하다가
이제 온 거야?

…아빠랑 둘이
cine에 가서
영화 보고 왔어…

얘가, 얘가!
네가 그럴 시간이
어디 있니!

몡 **hija** : 딸
이하

됨 **¡Cuánto tiempo!** : 오랜만이야.
꾸안또 띠엠뽀.

몡 **primo** ♂ **prima** ♀ : 사촌
쁘리모 / 쁘리마

몡 **cine** : 영화관
씨네

집에 와서 선생님이 내주신 **deberes**부터 해야 할 거 아냐!

잠깐의 유혹에 빠져서 해야 할 일을 **negligentemente** 하지 말라고 엄마가 누누이 말했지!?

핸드폰 그만하고 공부해야지~

귀찮아...

그리고 다음 주면 **examen** 기간 아니니? 그럼 한눈팔지 말고 공부를 해야지!

어제 보니까 네 또래 애들은 근처 **biblioteca**에서 늦게까지 남아 공부하고 있더라!

그런데 넌 뭐? 영화!? 참나... 네가 그렇게 **estudiante**로서의 본분을 소홀히 하니까 친구들 사이에서도 무시당하는 거야!

그리고 네 담임 **profesor**한테 다 전해 들었다! 너 요즘 교실에 모습도 잘 안 내비친다면서!?

너 도대체 어쩌려고 그러니!? 너 그 좋은 학교 보내려고 우리가 돈을 얼마나 **gastar** 했는지 알기나 해!?

엄마는...

엄마는 아무것도 모르면서!

내 할 일은 내가 알아서 해!

명 **deberes** : 숙제
데베레쓰

부 **negligentemente** : 소홀하게
네글리헨떼멘떼

명 **examen** : 시험
엑싸멘

명 **biblioteca** : 도서관
비블리오떼까

명 **estudiante** : 학생
에쓰뚜디안떼

명 **profesor** 👨 **profesora** 👩 : 선생님
쁘로페f쏘르 / 쁘로페f쏘라

명 **gastar** : 쓰다 (use)
가쓰따르

형 **manejar** : 다루다
마네하르

동 **apoyar** : 지지하다
아뽀야르

형 **incorrecto** ♂ **incorrecta** ♀ : 틀린
인꼬르~엑또 / 인꼬르~엑따

형 **correcto** ♂ **correcta** ♀ : 옳은
꼬르~엑또 / 꼬르~엑따

… 해는 쨍쨍한데 쌀쌀한 **ventoso** 하네. 겉옷 챙겨 입고 나가야겠다.

헉!

야! 너 무슨 대기업에 **entrevista**라도 보러 가니? 생뚱맞게 웬 **traje**를 입고 앉아 있어!

어쭈? 안에는 흰색 **camisa de vestir**에

목에는 **corbata**까지??

놔둬! 너가 **moda**에 대해 알기나 해?

… 아주 오버에 오버를 쌈 싸 드셨네?

야, 나 패션 **revista** 월간 구독 중이거든? 너보다 훨씬 더 잘 알거든?

울컥

FASHION

명 **ventoso** ♂ **ventosa** ♀ : 바람 부는
벤또쏘 / 벤또싸

명 **entrevista** : 면접
엔뜨레비쓰따

명 **traje** : 정장
뜨라헤

명 **camisa de vestir** : 와이셔츠
까미싸 데 베쓰띠르

명 **corbata** : 넥타이
꼬르바따

명 **moda** : 패션, 유행
모다

명 **revista** : 잡지
레비쓰따

ㅋㅋㅋ 그런 것 치고 너 지금 **por todas partes** 에서나 찾아볼 수 있는 차림인데? 흔한 시민 A인데?

지, 지금은 **tiempo**가 이도 저도 아니라서 일부러 이렇게 입은 거야!

달칵

오, 사촌 동생~ 오늘 할 일 없으면 우리랑 같이 갈래?

가자, 가자!

그, 그게... 전 공부해야 해서...

... 모처럼 **invitar** 해주셨는데 거절하는 건 예의가 아니란다.

같이 나가서 시내 안내라도 해드리렴.

응. 그럼... **Adiós**...

다녀오겠습니다!

그래, 모두 몸 조심히 **¡Mucha suerte!**

por todas partes : 모든 곳에
뽀르 또다쓰 빠르떼쓰

tiempo : 날씨
띠엠뽀

invitar : 권하다, 초대하다
인비따르

Adiós. : 다녀오겠습니다.
아디오스.

¡Mucha suerte! : 다녀오세요.
무차 수에르떼.

명 gafas de sol : 선글라스
가파f쓰 데 쏠

명 centro de la ciudad : 번화가
쎈뜨로 데 올라 씨우닫

오! 무슨 시장이 열렸나 봐!
Será divertido!

아오테아 광장에선 매주 금, 토요일이 되면 각양각색의 물품들을 사고파는 **mercadillo**가 열려요.

생활용품, 중고물품뿐만 아니라 예술가들이 직접 **diseño** 한 각종 공예품까지 구경할 수 있어요.

저기, 저기, 아저씨. 이 팔찌 **real** 금으로 만든 거야?

진짜겠냐? 딱 봐도 구리에다가 **alguno** 의 금만 입힌 싸구려 팔찌잖아.

에비!
그런 **falsa** 한 금팔찌 만지면 우리 애기 쇳독 올라요. 어여 내려놓고 다른 곳 구경하러 가요.

... 다신 오지 말아주세요...

죄, 죄송합니다.

후다닥

圖**Será divertido!** : 재미있어 보여!
쎄라 디베르띠도!

名**mercadillo** : 벼룩시장
메르까디요

名**diseño** : 디자인
디쎄뇨

形**real** : 진짜의
ㄹ~에알

形**alguno** ♂ **alguna** ♀ : 약간의
알구노 / 알구나

形**falso** ♂ **falsa** ♀ : 가짜의
팔f쏘 / 팔f싸

여긴 뉴질랜드 기념품을 파는 **tienda de regalos** 인가 봐~

어서 오세요~

그런 것 치곤 이상한 걸 **vender** 하고 있는데? 이게 뭐지?

?

크흠 크흠

여러분, 혹시 뉴질랜드엔 세 가지의 키위가 있다는 걸 알고 계시나요?

하나는 여러분도 잘 알고 있을 새콤달콤한 **fruta** 키위.

①

또 하나는 인종 구분 없이 뉴질랜드 현지인을 칭하는 사람 키위.

그리고 마지막 하나는 우리나라의 국조이자 날지 못하는 **pájaro** 키위랍니다.

②

③

이것은 그 **kiwi**들의 특징을 한데 모아 저만의 스타일로 재해석하여 만든 인형입니다.

짜란~

圀 **tienda de regalos** : 기념품 가게
띠엔다 데 ㄹ~에갈로쓰

동 **vender** : 팔다
벤데르

圀 **fruta** : 과일
프'루따

圀 **pájaro** : 새
빠하로

圀 **kiwi** : 키위
끼위

명 juguete : 장난감
후게떼

대 esa ♀ eso ♂ : 저런
에싸 / 에쏘

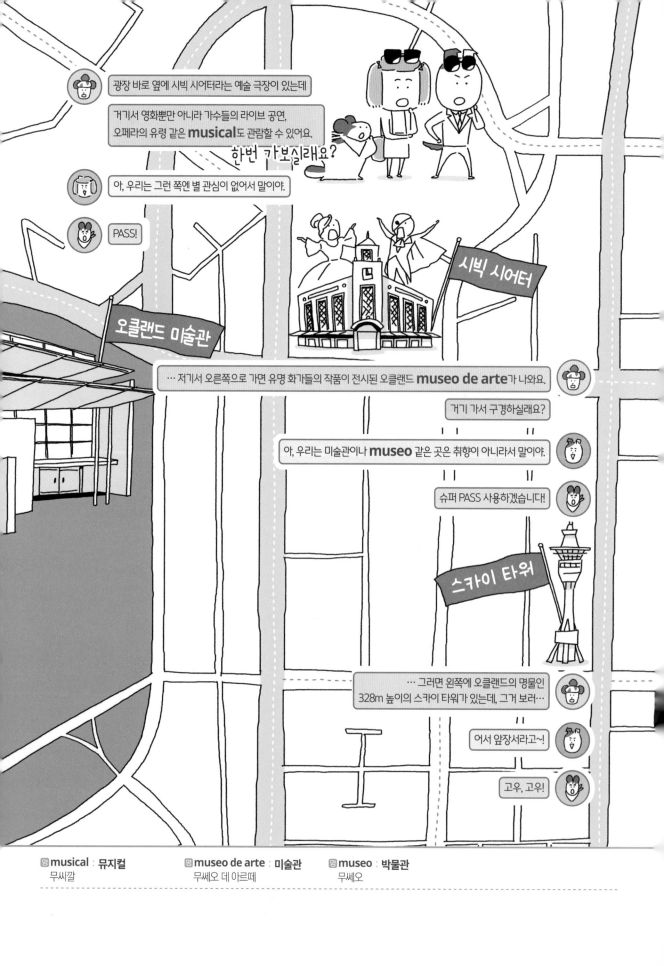

광장 바로 옆에 시빅 시어터라는 예술 극장이 있는데

거기서 영화뿐만 아니라 가수들의 라이브 공연, 오페라의 유령 같은 **musical**도 관람할 수 있어요.

한번 가보실래요?

아, 우리는 그런 쪽엔 별 관심이 없어서 말이야.

PASS!

시빅 시어터

오클랜드 미술관

… 저기서 오른쪽으로 가면 유명 화가들의 작품이 전시된 오클랜드 **museo de arte**가 나와요.

거기 가서 구경하실래요?

아, 우리는 미술관이나 **museo** 같은 곳은 취향이 아니라서 말이야.

슈퍼 PASS 사용하겠습니다!

스카이 타워

… 그러면 왼쪽에 오클랜드의 명물인 328m 높이의 스카이 타워가 있는데, 그거 보러…

어서 앞장서라고~!

고우, 고우!

명 **musical** : 뮤지컬
무씨깔

명 **museo de arte** : 미술관
무쎄오 데 아르떼

명 **museo** : 박물관
무쎄오

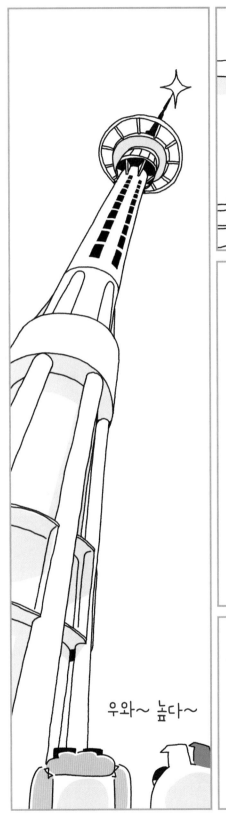

우와~ 높다~

이 스카이 타워에는 사방이 유리로 된 전망대와 한 시간마다 360도 회전하는 레스토랑 등의 즐길 거리가 있는데,

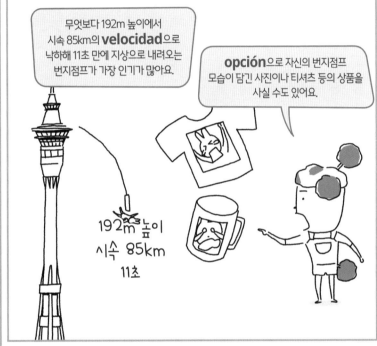

무엇보다 192m 높이에서 시속 85km의 **velocidad**으로 낙하해 11초 만에 지상으로 내려오는 번지점프가 가장 인기가 많아요.

opción으로 자신의 번지점프 모습이 담긴 사진이나 티셔츠 등의 상품을 사실 수도 있어요.

192m 높이
시속 85km
11초

우왕...

너 한번 해볼래?

어우, 난 고소공포증 있어서 안 돼...

명 **velocidad** : 속력
벨로씨닫

명 **opción** : 옵션
옵씨온

📖 **cima** : 꼭대기
씨마

📖 **crecer** : 성장하다
끄레쎄르

📖 **fracasar** : 실패하다
프'라까싸르

📖 **intentar** : 시도하다
인뗀따르

📖 **señalar** : 가리키다
쎄냘라르

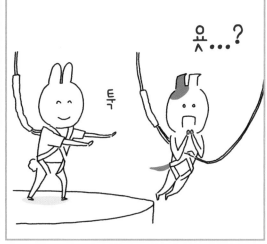

El mejor. : 최고.
엘 메호르.

recuperar : 회복하다
르~에꾸뻬라르

parque : 공원
빠르께

명 **banco** : 벤치, 은행
방꼬

형 **fresco** ♂ **fresca** ♀ : 신선한, 시원한
프'레쓰꼬 / 프'레쓰까

명**padres** : 부모님
빠드레쓰

명**divorcio** : 이혼
디보르씨오

… 공부가 그렇게 중요한 건가요? **universidad** 같은 곳을 꼭 가야 하는 건가요?

전… 사람들 앞에서 노래하는 **cantante**가 되고 싶어요.

가수는 공부를 안 해도, 대학을 안 가도 노래 실력만 출중하다면 될 수 있는 거잖아요?

그래서 전 딱히 공부의 **importancia**를 못 느끼겠어요.

괜히 아까운 시간만 낭비하는 것 같아요…

… 내 생각인데, 하나의 **ejemplo**를 들어볼게?

너 서로 공을 던지고, 때리고, 베이스를 훔치는 스포츠 경기인 **béisbol** 알고 있지?

… 사람 무시해요?

투수가 직구를 스트라이크존 **medio**로만 계속 던지면 어떻게 될 것 같니?

어라, 혹시?

명 **universidad** : 대학
우니베르씨닫

명 **cantante** : 가수
깐딴떼

명 **importancia** : 중요성
임뽀르딴씨아

명 **ejemplo** : 예
에헴쁠로

명 **béisbol** : 야구
베이쓰볼

명 **medio** : 가운데
메디오

그야 몇 회도 못 가서 흠씬 두들겨 맞고 마운드에서 내려지겠죠.

그렇게 안 되려면 어떻게 해야 할까?

홈런~~!

스트라이크 좀 그만 던지라고!

변화구를 섞어가며 위, 아래, **interior**, **exterior** 골고루 던져야죠!

그렇지? 네 인생도 마찬가지야.

··· **complicado** 한 말로 사람 싱숭생숭하게 만들지 말고 확실히 얘기해주실래요?

톡 쏘면서 말하는 게 딱 그 녀석이네···

그러니까···

네가 노래라는 무기 하나로 당장 가수라는 **objetivo**를 이뤘다고 해도 말이야.

저 가수는 노래 정말 잘하지!

그 하나만 가지고는 얼마 지나지 않아 세상이라는 타자에게 두들겨 맞고 주저앉게 될 거란 말이야.

어제 TV 프로에 출연한 ○○○ 가수가 처참한 상식 부족으로 드러나···

TOPNEW

호주의 수도가 런던?

아무리 능력이 출중하더라도 도덕성, 사회성과 같은 인성과

이해와 판단에 필요한 상식이 결여되어 있다면 **resultado** 적으로 사람들에게 외면당하게 되어 있거든.

노래만···

그래, 노래만···

명 **interior** : 안쪽
인떼리오르

명 **exterior** : 바깥쪽
엑쓰떼리오르

형 **complicado** ♂ **complicada** ♀ : 복잡한
꼼쁠리까도 / 꼼쁠리까다

명 **objetivo** : 목표
옵헤띠보

명 **resultado** : 결과
르~에쑬따도

그것들을 어려서부터 자연스럽게 습득하고 안전하게 갈고 닦을 수 있는 공간이 어딘지 알아?

바로 **escuela**야.

그리고 그 학교에서 얻게 되는 지식이 비록 지금은 아무짝에도 쓸모없는 것처럼 보일지 몰라도,

나중에 가보면 다양한 방면에서 알게 모르게 큰 **ayuda**가 되어 준단 말이지~

...

좁고 **recto** 한 길로 걸어가면 가고자 하는 목적지엔 금방 도착하겠지.

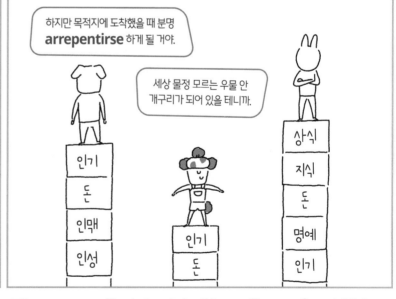

하지만 목적지에 도착했을 때 분명 **arrepentirse** 하게 될 거야.

세상 물정 모르는 우물 안 개구리가 되어 있을 테니까.

인기 / 돈 / 인맥 / 인성

인기 / 돈

상식 / 지식 / 돈 / 명예 / 인기

몡**escuela** : 학교
에스꾸엘라

몡**ayuda** : 도움
아유다

혱**recto** ♂ **recta** ♀ : 곧은
르~엑또 / 르~엑따

뙹**arrepentirse** : 후회하다
아르~에뻰띠르세

그러니까 비록 **destino**에는 늦게 도달하더라도 넓고 구불구불한 길을 걸어가면서 이런저런 경험을 하란 말이야~

공부해서 대학을 가든, 아르바이트해서 돈을 벌든, 여행을 가서 친구를 사귀든!

내가 한 말의 **punto**가 뭔지 대충은 알겠지?

ZZZ

빠직

야!

후암~

드디어 끝났어요? 너무 **aburrida** 한 얘기라 깜빡 졸았네요. 죄송해요.

....

장난이에요. 다 들었으니까 그 주먹 고이 넣어주세요.

... 설령 아저씨 말대로 한다 해도 가장 큰 문제가 남아있어요.

명 **destino** : 목적지
데쓰띠노

명 **punto** : 요점
뿐또

형 **aburrido** ♂ **aburrida** ♀ : 지루한
아부르~이도 / 아부르~이다

제가 가수 **convertirse** 하는 걸 엄마는 언제까지고 허락해 주지 않을 거란 점이에요…

가수라고?! 공부 싫다더니 이상한 거에 빠져선!

확실해? 어머니랑 제대로 **conversación**은 나눠보고 말하는 거야?

아뇨… 그렇지만 말해봤자 씨알도 안 먹힐 거예요. 무척 보수적인 분이라…

그건 네 생각일 뿐이잖아. 일단 대화부터 시도해봐.

그러고 나서도 반대하신다면 어머니 앞에서 **cantar** 해서 네 실력과 진심을 증명해 보이는 거야.

말로 하는 것보다 열 배는 **eficaz** 한 방법일 테니깐!

많은 사람 앞에서 노래하고 싶다는 녀석이 고작 한 사람 앞에서?

그, 그런 걸 어떻게 해욧! 부끄럽게!

꿈에 대한 네 마음이 **verdad**이라면 전혀 부끄러워할 일이 아닐 텐데!

꽈과광!

图 convertirse : (~이) 되다
꼰베르띠르쎄

图 conversación : 대화, 소통
꼰베르싸씨온

图 cantar : 노래하다
깐따르

图 eficaz : 효과적인
에피'까쓰

图 verdad : 진실
베르닫

정곡을 찔렀지?

크… 방금 온몸에 **electricidad**이 통한 것처럼 찌릿했어요…

맞아요… 아저씨 말대로 부끄러워할 일이 전혀 아니죠…

안 되겠다! 전 **autobús**를 타고 지금 바로 엄마에게 가볼게요!

벌떡!

아저씨는 언니랑 마저 놀다 오세요!

그럴래? 내가 **parada de autobús**까지 바래다줄까?

아뇨!! 거치적거리니까 됐어요! 가출한 영혼이나 어서 데려오세요!

그래. 부모님과의 관계든 너의 장래든, **cual**이든 간에 잘 해결됐으면 좋겠다!

고마워요, 아저씨~!!

ㅋㅋ 궂러!

ㅋㅋ 궂러!

… 너희 무슨 청춘드라마 찍니…?

우린 보이지도 않나 봐. 아까부터 있었는데…

圆 **electricidad** : 전기	圆 **autobús** : 버스	圆 **parada de autobús** : 버스 정류장	떼 **cual** : 어느 것
엘렉뜨리씨닫	아우또부쓰	빠라다 데 아우또부쓰	꾸알

📖 **Gracias por ayudarme. : 신세를 졌습니다.**
그라시아스 뽀르 아유다르메.

📖 **Bien por ti. : 잘 된 일이네.**
비엔 뽀르 띠.

📖 **Gracias a ti. : 덕분에요.**
그라시아스 아 띠.

📖 **intercambiar : 교환하다**
인떼르깜비아르

📖 **¡Adiós! : 잘 가!**
¡아디오씨!

📖 **¡Hasta luego! : 또 보자.**
¡아쓰따 루에고!

명 barco ♂ nave ♀ : **배** (ship)
바르꼬 / 나베

대 aquel ♂ aquella ♀ : **저, 저것**
아껠 / 아께야

명 escritor ♂ escritora ♀ : **작가**
에쓰끄리또르 / 에쓰끄리또라

명 papel : **종이, 역할**
빠뻴

이 멍청이가! 눈치도 없네!
ordenador portátil을
살 돈이 없어서 그런 거잖아!

햇! 그렇구나!
하긴… 작가는 입에 풀칠하며 살 정도로
pobre 한 직업이라고들 하니까…

그런 거
아니거든!

… 아이디어가 안 떠오를 땐
이렇게 **bolígrafo**를 굴려 가며
써줘야 그나마 생각이 열려서 그렇단다.

아~ 좋은 **idea**가
안 떠올라서 고생 중이시구나~

음…

아저씨가
쓰고 계신 작품 잠깐 **leer** 해봐도 돼요?
제가 좀 도와드릴게요!

그, 그럴래?

너 이제 보니
착한 아이였구나?
자, 여기 있다.

… 봄, 여름, **otoño**, 겨울……
estación을 세는 것도 잊을 만큼
오랜 시간을 외딴섬 감옥에서 보낸 남자.

마침내 그에게 탈출의 기회가 찾아왔다.
섬의 절벽에 자라있는 잡초를 **eliminar** 하고
있을 때 간수가 잠시 한눈을 팔았던 것이다.

명 **ordenador portátil** : 노트북
오르데나도르 뽀르따띨

형 **pobre** : 가난한
뽀브레

명 **bolígrafo** : 볼펜
볼리그라포ᶠ

명 **idea** : 아이디어, 생각, 발상
이데아

통 **leer** : 읽다
을레에르

명 **otoño** : 가을
오또뇨

명 **estación** : 계절, 정거장
에쓰따씨온

통 **eliminar** : 제거하다
엘리미나르

그 찰나를 놓치지 않은 그는 뒤도 돌아보지 않고 철조망을 뛰어넘어 바다로 입수했고,

거, 거기 서라!

곧이어 저 멀리 보이는 수평선을 향해 힘껏 **nadar** 해갔다.

앞길이 어떻게 될지는 신경 안 써! 지금은 단지 이 **libre** 한 기분을 만끽할 뿐이야!

그렇게 생각했던 것도 잠시… 힘이 다해버린 그는 결국 바다의 흐름에 제 몸을 맡겼다.

망망대해에서의 자포자기란 죽음을 **significar** 한다는 건 알고 있었지만 어쩔 도리가 없었다.

아.. 그 공장장 녀석이 **rico** 한 집안의 셋째 아들이란 걸 알았으면 절대로 건드리지 않았을 텐데…!

돈이란 것의 무서움을 새삼 느끼며 다가오는 죽음을 서서히 맞아들이려 할 때!

저, 저건!? … 틀림없이! **tierra**야! 얏호! 난 살았다!

nadar : 헤엄치다 나다르

libre : 자유로운, 한가한 을리브레

significar : 의미하다 씨니피까르

rico ♂ rica ♀ : 부유한, 맛있는 ㄹ~이꼬 / ㄹ~이까

tierra : 육지 띠에ㄹ~아

그는 최후의 힘을 쥐어짜 내어
저 멀리 보이는 육지를 향해 헤엄쳤고,

간신히 육지에 **llegar** 했을 때
그는 벌어지는 입을 다물 수가 없었다.

그곳은 그 옛날 전설의 해적이
coleccionar 한 수천 가지의 보물이
쌓여있는 보물섬이었던 것이다!

어, 어때? 다 읽어봤니?
그 뒤로 어떻게 진행해야 할지
전혀 모르겠어…

죄송해요. 저로서도 잘
Yo no tengo ni idea…

아, 맞다!

어, 어이! 지금의 얘한테
글자를 읽게 하면…!

야, 네가 한번 읽어봐!
너 겉보기와는 다르게 책 많이
읽는 **lectura** 광이잖아!

우웁…

📖 **llegar** : 도착하다
예가르

📖 **coleccionar** : 모으다
꼴렉씨오나르

📖 **Yo no tengo ni idea.** : 모르겠어요.
요 노 뗑고 니 이데아.

📖 **lectura** : 독서
올렉뚜라

뷔에에에에에에엑~!!

뿌뿌우~ ......

아, 도착했나 보다.
내리자?

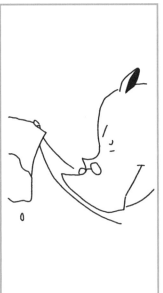

내가 큰 착각을
할 뻔했네…
착한 아이…?

형 malo ♂ mala ♀ : 나쁜, 불량한
말로 / 말라

명 coche : 자동차
꼬체

동 conducir : 운전하다
꼰두씨르

圆**licencia de conducir** : 운전면허증　　　圆**maletero** : 짐칸　　　圆**conductor** : 운전사
리쎈씨아 데 꼰두씨르　　　　　　　　　　　　말레떼로　　　　　　　　　　　　　　　　꼰둑또르

왼쪽을 봐도 자연...
오른쪽을 봐도 자연...

...뭐랄까,
오클랜드 같은 대도시에 있다가
여기로 오니까 꼭 **campo**로
내려온 것만 같네.

아, 그런데 우리
남섬에서의 일정이
어떻게 돼?

우선 남섬의 3대 빙하호수 중의
하나인 테카포 **lago**를 보러 갈 거야.

빙하에 깎인 암석의 분말이
호수에 녹아 있어서 우유를 섞은 듯한
푸른 **color**를 띠고 있대~

모에라키 볼더스 **playa**로 가서
모래사장 위에 있는 둥근 바윗덩어리들을
보러 갈 거야.

tamaño가 공룡알만큼이나 큰데
그중에는 7톤이나 되는 무게에
높이가 2m까지 오는 것도 있대.

약 6천5백만 년 전에 만들어진
방해석 결정체라고 하는데,
그런 건 어려워서 잘 모르겠고
사진이나 팡팡 찍자~

호오!
그리고 나서?

명 **campo** : 시골
깜뽀

명 **lago** : 호수
을라고

명 **color** : 색깔
꼴로르

명 **playa** : 해변
쁠라야

명 **tamaño** : 크기
따만뇨

오호!
¿Y entonces?

··· 밀퍼드 사운드라는 피오르(협만)로 가서 유람선을 탈 거야.

반지의-제왕-촬영지로-잘-알려져-있는데-다-필요-없고 valle에서 쏟아지는 스털링이라는 이름의 폭포수를 맞으면 주름이 펴질 정도로 젊어진다는 속설이 있거든~

그래, 잘 생각했다. 넌 좀 심하게 맞을 필요가 있어.

가서 아예 샤워를 해!

뭐래··· 죽고 싶냐?

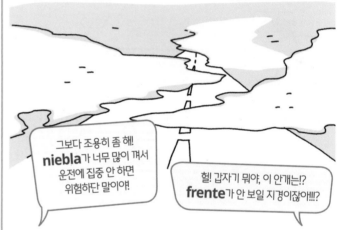

그보다 조용히 좀 해! niebla가 너무 많이 껴서 운전에 집중 안 하면 위험하단 말이야!

힐! 갑자기 뭐야, 이 안개는!? frente가 안 보일 지경이잖애!!?

뿡!

ㅋㅋㅋㅋㅋㅋㅋㅋㅋㅋ   아ㅋㅋ

ㅋㅋㅋㅋ

진짜
ㅋㅋㅋ   ㅋㅋ

심각한 상황에 뭐 하는 거야!

명 ¿Y entonces? : 그리고는?
¿이 엔똔쎄쓰?

명 valle : 계곡
바예

명 niebla : 안개
니에블라

명 frente : 앞
프「렌떼

gas : 가스
가쓰

pueblo : 마을
뿌에블로

aceite : 기름
아쎄이떼

gasolinera : 주유소
가쏠리네라

Comamos. : 먹자.
꼬마모쓰.

명 hamburguesa : 햄버거
암부르게싸

명 comida rápida : 패스트푸드
꼬미다 라삐다

명 aparcamiento : 주차
아빠르까미엔또

명 hora del almuerzo : 점심시간
오라 델 알무에르쏘

명 queso : 치즈
께쏘

명 patatas fritas : 감자튀김
빠따따쓰 프'리따쓰

명 **cola** : 콜라
꼴라

명 **fideos** : 국수
피'데오쓰

동 **rellenar** : 리필하다
르~에예나르

문 **¿Qué está pasando?** : 무슨 일이야?
¿께 에쓰따 빠싼도?

명 **semana** : 주
쎄마나

… **hielo** 좀 그만 씹어 먹지? 신경질 나려고 하니까.

끄덕 끄덕

………

… 안 되겠다. 예정 변경이야.

내 황금 같은 휴가를 이런 곳에서 **desperdiciar** 할 순 없지…

다른 나라로 떠나자!!

푸흡! 또? 이번엔 어디로 갈 건데!

…너 쌀국수 먹고 싶다며?

¡Vámonos! 동남아에 위치한 미식의 나라! 베트남으로!!

명 hielo : 얼음
이엘로

동 desperdiciar : 허비하다
데쓰뻬르디씨아르

표 ¡Vámonos! : 가자!
¡바모노씨!

05 스페인어의 수사

사물의 수량이나 순서를 나타내는 말을 '수사'라고 부릅니다.
해당 사물의 특정 성질을 말해주는 것이니 형용사의 일종이라고도 할 수 있지요.
수사 중에서도 수량을 나타내는, '하나, 둘, 셋' 따위는 '기수사'라고 부릅니다.
어떤 숫자들은 그냥 외울 수밖에 없습니다. 그러나 어떤 숫자들은, 이미 외운 숫자들을
일정한 규칙에 따라 조합하는 것으로 만들 수 있습니다.

1 ~ 20

고유한 철자의 아이들이니 그냥 외워줍니다.

그냥 외운다

20 ~ 100

21 ~ 29

20은 베인떼 [Veinte]지만, 21부터 베인띠 [Veinti]가 됩니다.

$21 = 20 + 1$
베인띠 우노

$29 = 20 + 9$
베인띠 누에베

30 ~ 99

두 자리+한자리 조합으로 이뤄진 숫자입니다.
'30과 1', '80과 9' 이런 식으로 쓰시면 됩니다. 31부터 'y'가 붙습니다.

$31 = 30 \, y \, 1$
뜨레인따 이 우노

이 'y'는 영어의 'and'
30과 1이라는 뜻입니다.

$89 = 80 \, y \, 9$
오쩬따 이 누에베

100 ~ ∞

세 자리+두 자리+한자리, 네 자리+세 자리+두 자리+한자리
조합으로 이뤄진 숫자입니다.

$416 = 400 + 16$
꾸아뜨로씨엔또쓰 디에씨쎄이쓰

400과 16은 고유한 이름을 갖고 있어
4+100+10+6이 아닌, 400+16이 됩니다.

$4885 = 4 + 1000 + 800 + 80 \, y \, 5$
꾸아뜨로 밀 오초씨엔또쓰 오쩬따 이 씽꼬

*100은 cien, 101부터는 ciento + uno

수사의 종류에는 한 가지가 더 있는데, 바로 '첫째, 둘째, 셋째'와 같이 순서를 나타내는
'서수사'가 이것입니다. 영어로 치면 'first, second, third'와 같은 표현들입니다.

기수사 (하나, 둘, 셋)

0	1	2	3	4	5	6	7	8	9
cero 쎄로	uno 우노	dos 도쓰	tres 뜨레쓰	cuatro 꾸아뜨로	cinco 씽꼬	seis 쎄이쓰	siete 씨에떼	ocho 오초	nueve 누에베
10	11	12	13	14	15	16	17	18	19
diez 디에쓰	once 온쎄	doce 도쎄	trece 뜨레쎄	catorce 까또르쎄	quince 낀쎄	dieciséis 디에씨쎄이스	diecisiete 디에씨씨에떼	dieciocho 디에씨오초	diecinueve 디에씨누에베
20	21	22	23	24	25	26	27	28	29
veinte 베인떼	veintiuno 베인띠우노	veintidós 베인띠도쓰	veintitrés 베인띠뜨레쓰	veinticuatro 베인띠꾸아뜨로	veinticinco 베인띠씽꼬	veintiséis 베인띠쎄이쓰	veinti siete 베인띠씨에떼	veintiocho 베인띠오초	veintinueve 베인띠누에베
30	31	32	33	34	35	36	37	38	39
treinta 뜨레인따	treinta y uno 뜨레인따 이 우노	treinta y dos 뜨레인따 이 도쓰	treinta y tres 뜨레인따 이 뜨레쓰	treinta y cuatro 뜨레인따 이 꾸아뜨로	treinta y cinco 뜨레인따 이 씽꼬	treinta y seis 뜨레인따 이 쎄이쓰	treinta y siete 뜨레인따 이 씨에떼	treinta y ocho 뜨레인따 이 오초	treinta y nueve 뜨레인따 이 누에베
40	41	42	43	44	45	46	47	48	49
cuarenta 꾸아렌따	cuarenta y uno 꾸아렌따 이 우노	cuarenta y dos 꾸아렌따 이 도쓰	cuarenta y tres 꾸아렌따 이 뜨레쓰	cuarenta y cuatro 꾸아렌따 이 꾸아뜨로	cuarenta y cinco 꾸아렌따 이 씽꼬	cuarenta y seis 꾸아렌따 이 쎄이쓰	cuarenta y siete 꾸아렌따 이 씨에떼	cuarenta y ocho 꾸아렌따 이 오초	cuarenta y nueve 꾸아렌따 이 누에베
50	51	52	53	54	55	56	57	58	59
cincuenta 씽꾸엔따	cincuenta y uno 씽꾸엔따 이 우노	cincuenta y dos 씽꾸엔따 이 도쓰	cincuenta y tres 씽꾸엔따 이 뜨레쓰	cincuenta y cuatro 씽꾸엔따 이 꾸아뜨로	cincuenta y cinco 씽꾸엔따 이 씽꼬	cincuenta y seis 씽꾸엔따 이 쎄이쓰	cincuenta y siete 씽꾸엔따 이 씨에떼	cincuenta y ocho 씽꾸엔따 이 오초	cincuenta y nueve 씽꾸엔따 이 누에베
60	61	62	63	64	65	66	67	68	69
sesenta 쎄쎈따	sesenta y uno 쎄쎈따 이 우노	sesenta y dos 쎄쎈따 이 도쓰	sesenta y tres 쎄쎈따 이 뜨레쓰	sesenta y cuatro 쎄쎈따 이 꾸아뜨로	sesenta y cinco 쎄쎈따 이 씽꼬	sesenta y seis 쎄쎈따 이 쎄이쓰	sesenta y siete 쎄쎈따 이 씨에떼	sesenta y ocho 쎄쎈따 이 오초	sesenta y nueve 쎄쎈따 이 누에베
70	71	72	73	74	75	76	77	78	79
setenta 쎄뗀따	setenta y uno 쎄뗀따 이 우노	setenta y dos 쎄뗀따 이 도쓰	setenta y tres 쎄뗀따 이 뜨레쓰	setenta y cuatro 쎄뗀따 이 꾸아뜨로	setenta y cinco 쎄뗀따 이 씽꼬	setenta y seis 쎄뗀따 이 쎄이쓰	setenta y siete 쎄뗀따 이 씨에떼	setenta y ocho 쎄뗀따 이 오초	setenta y nueve 쎄뗀따 이 누에베
80	81	82	83	84	85	86	87	88	89
ochenta 오첸따	ochenta y uno 오첸따 이 우노	ochenta y dos 오첸따 이 도쓰	ochenta y tres 오첸따 이 뜨레쓰	ochenta y cuatro 오첸따 이 꾸아뜨로	ochenta y cinco 오첸따 이 씽꼬	ochenta y seis 오쩬따 이 쎄이쓰	ochenta y siete 오첸따 이 씨에떼	ochenta y ocho 오첸따 이 오초	ochenta y nueve 오쩬따 이 누에베
90	91	92	93	94	95	96	97	98	99
noventa 노벤따	noventa y uno 노벤따 이 우노	noventa y dos 노벤따 이 도쓰	noventa y tres 노벤따 이 뜨레쓰	noventa y cuatro 노벤따 이 꾸아뜨로	noventa y cinco 노벤따 이 씽꼬	noventa y seis 노벤따 이 쎄이쓰	noventa y siete 노벤따 이 씨에떼	noventa y ocho 노벤따 이 오초	noventa y nueve 노벤따 이 누에베

100	200	300	400	500	600	700	800	900
cien 씨엔	doscientos 도쓰씨엔또쓰	trescientos 뜨레쓰씨엔또쓰	cuatrocientos 꾸아뜨로씨엔또쓰	quinientos 끼니엔또쓰	seiscientos 쎄이쓰씨엔또쓰	setecientos 쎄떼씨엔또쓰	ochocientos 오초씨엔또쓰	novecientos 노베씨엔또쓰

1,000	10,000	100,000	1,000,000	10,000,000
mil 밀	diez mil 디에쓰 밀	cien mil 씨엔 밀	un millón 운 미욘	diez millones 디에쓰 미요네쓰

서수사 (첫번째, 두번째, 세번째)

	1 primero 쁘리메로	2 segundo 쎄군도	3 tercero 떼르쎄로	4 cuarto 꾸아르또	5 quinto 낀또	6 sexto 쎅쓰또	7 séptimo 쎕띠모	8 octavo 옥따보	9 noveno 노베노
10 décimo 데씨모	11 un décimo primero 운 데씨모 쁘리메로	12 duodécimo 두오데씨모	13 décimo tercero 데씨모 떼르쎄로	14 décimo cuarto 데씨모 꾸아르또	15 décimo quinto 데씨모 낀또	16 décimo sexto 데씨모 쎅쓰또	17 décimo séptimo 데씨모 쎕띠모	18 décimo octavo 데씨모 옥따보	19 décimo noveno 데씨모 노베노
20 vigésimo 비헤씨모	21 vigésimo primero 비헤씨모 쁘리메로	22 vigésimo segundo 비헤씨모 쎄군두	23 vigésimo tercero 비헤씨모 떼르쎄로	24 vigésimo cuarto 비헤씨모 꾸아르또	25 vigésimo quinto 비헤씨모 낀또	26 vigésimo sexto 비헤씨모 쎅쓰또	27 vigésimo séptimo 비헤씨모 쎕띠모	28 vigésimo octavo 비헤씨모 옥따보	29 vigésimo noveno 비헤씨모 노베노
30 trigésimo 뜨리헤씨모	31 trigésimo primero 뜨리헤씨모 쁘리메로	32 trigésimo segundo 뜨리헤씨모 쎄군도	33 trigésimo tercero 뜨리헤씨모 떼르쎄로	34 trigésimo cuarto 뜨리헤씨모 꾸아르또	35 trigésimo quinto 뜨리헤씨모 낀또	36 trigésimo sexto 뜨리헤씨모 쎅쓰또	37 trigésimo séptimo 뜨리헤씨모 쎕띠모	38 trigésimo octavo 뜨리헤씨모 옥따보	39 trigésimo noveno 뜨리헤씨모 노베노
40 cuadragésimo 꾸아드라헤씨모	41 cuadragésimo primero 꾸아드라헤씨모 쁘리메로	42 cuadragésimo segundo 꾸아드라헤씨모 쎄군도	43 cuadragésimo tercero 꾸아드라헤씨모 떼르쎄로	44 cuadragésimo cuarto 꾸아드라헤씨모 꾸아르또	45 cuadragésimo quinto 꾸아드라헤씨모 낀또	46 cuadragésimo sexto 꾸아드라헤씨모 쎅쓰또	47 cuadragésimo séptimo 꾸아드라헤씨모 쎕띠모	48 cuadragésimo octavo 꾸아드라헤씨모 옥따보	49 cuadragésimo noveno 꾸아드라헤씨모 노베노
50 quincuagésimo 낀꾸아헤씨모	51 quincuagésimo primero 낀꾸아헤씨모 쁘리메로	52 quincuagésimo segundo 낀꾸아헤씨모 쎄군도	53 quincuagésimo tercero 낀꾸아헤씨모 떼르쎄로	54 quincuagésimo cuarto 낀꾸아헤씨모 꾸아르또	55 quincuagésimo quinto 낀꾸아헤씨모 낀또	56 quincuagésimo sexto 낀꾸아헤씨모 쎅쓰또	57 quincuagésimo séptimo 낀꾸아헤씨모 쎕띠모	58 quincuagésimo octavo 낀꾸아헤씨모 옥따보	59 quincuagésimo noveno 낀꾸아헤씨모 노베노
60 sexagésimo 쎅싸헤씨모	61 sexagésimo primero 쎅싸헤씨모 쁘리메로	62 sexagésimo segundo 쎅싸헤씨모 쎄군도	63 sexagésimo tercero 쎅싸헤씨모 떼르쎄로	64 sexagésimo cuarto 쎅싸헤씨모 꾸아르또	65 sexagésimo quinto 쎅싸헤씨모 낀또	66 sexagésimo sexto 쎅싸헤씨모 쎅쓰또	67 sexagésimo séptimo 쎅싸헤씨모 쎕띠모	68 sexagésimo octavo 쎅싸헤씨모 옥따보	69 sexagésimo noveno 쎅싸헤씨모 노베노
70 septuagésimo 쎕뚜아헤씨모	71 septuagésimo primero 쎕뚜아헤씨모 쁘리메로	72 septuagésimo segundo 쎕뚜아헤씨모 쎄군도	73 septuagésimo tercero 쎕뚜아헤씨모 떼르쎄로	74 septuagésimo cuarto 쎕뚜아헤씨모 꾸아르또	75 septuagésimo quinto 쎕뚜아헤씨모 낀또	76 septuagésimo sexto 쎕뚜아헤씨모 쎅쓰또	77 septuagésimo séptimo 쎕뚜아헤씨모 쎕띠모	78 septuagésimo octavo 쎕뚜아헤씨모 옥따보	79 septuagésimo noveno 쎕뚜아헤씨모 노베노
80 octogésimo 옥또헤씨모	81 octogésimo primero 옥또헤씨모 쁘리메로	82 octogésimo segundo 옥또헤씨모 쎄군도	83 octogésimo tercero 옥또헤씨모 떼르쎄로	84 octogésimo cuarto 옥또헤씨모 꾸아르또	85 octogésimo quinto 옥또헤씨모 낀또	86 octogésimo sexto 옥또헤씨모 쎅쓰또	87 octogésimo séptimo 옥또헤씨모 쎕띠모	88 octogésimo octavo 옥또헤씨모 옥따보	89 octogésimo noveno 옥또헤씨모 노베노
90 nonagésimo 노나헤씨모	91 nonagésimo primero 노나헤씨모 쁘리메로	92 nonagésimo segundo 노나헤씨모 쎄군도	93 nonagésimo tercero 노나헤씨모 떼르쎄로	94 nonagésimo cuarto 노나헤씨모 꾸아르또	95 nonagésimo quinto 노나헤씨모 낀또	96 nonagésimo sexto 노나헤씨모 쎅쓰또	97 nonagésimo séptimo 노나헤씨모 쎕띠모	98 nonagésimo octavo 노나헤씨모 옥따보	99 nonagésimo noveno 노나헤씨모 노베노

100 centésimo 쎈떼씨모	200 ducen tésimo 두쎈떼씨모	300 tricen tésimo 뜨리쎈떼씨모	400 cuadrin gentésimo 꾸아드린헨떼씨모	500 quingen tésimo 낀헨떼씨모	600 sexcen tésimo 쎅쎈떼씨모	700 septin gentésimo 쎕띤헨떼씨모	800 octin gentésimo 옥띤헨떼씨모	900 nonin gentésimo 노닌헨떼씨모

1,000 milésimo 밀레씨모	10,000 diezmilésimo 디에쓰밀레씨모	100,000 cienmilésimo 씨엔밀레씨모	1,000,000 millonésimo 미요네씨모	10,000,000 diezmillonésimo 디에쓰미요네씨모

06 일반 동사

이제부터는 일반동사에 대해서 알아보겠습니다.
일반동사에는 수천 개의 동사가 포함되는데,
이들은 다시 규칙 변화 동사와 불규칙 변화 동사들로 나뉩니다.

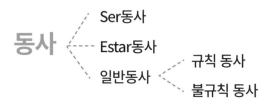

Ser동사와 Estar동사는 모두 무엇과 무엇이 '똑같다'는 의미입니다.
반면 누군가의 행동을 나타낼 때는 수많은 일반동사들 중 하나를 골라서 사용합니다.

영어의 일반동사는 원형과 3인칭 단수형 뿐입니다.

하지만 스페인어의 일반동사는 원형이 따로 있고
주어에 따라 6가지로 변화합니다.

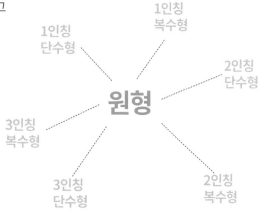

6장

먹고 살 수 있잖아?
요리 못해도

명 **verano** : 여름
베라노

명 **vestido** : 원피스
베쓰띠도

명 **pantalones cortos** : 반바지
빤딸로네쓰 꼬르또쓰

동 **montar** : 타다
몬따르

图 **moto** : 오토바이
모또

图 **metro** : 지하철
메뜨로

图 **directamente** : 직접
디렉따멘떼

图 **cocinar** : 요리하다
꼬씨나르

图 **aprender** : 배우다
아쁘렌데르

요리 교실 신청하셨죠? 제가 바로 여러분에게 요리를 가르쳐드릴 강사, 말리사라고 합니다.

만나서 반갑습니다. 오늘 하루 **Estoy siempre a sus órdenes~**

Espero con interés trabajar con usted~

그럼 지금 즉시 식자재를 사러 **mercado**로 가실까요? 이쪽입니다.

저희 교실은 식자재 선별부터...

시장에 도착했습니다~!

📖 **Estoy siempre a sus órdenes.** : 잘 부탁드립니다.
에스또이 씨엠쁘레 아 수스 오르데네스.

📖 **Espero con interés trabajar con usted.** : 저야말로 잘 부탁드립니다.
에스뻬로 꼰 인떼레스 뜨라바하르 꼰 우스떼드.

📖 **mercado** : 시장
메르까도

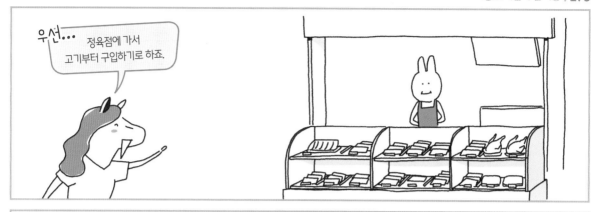

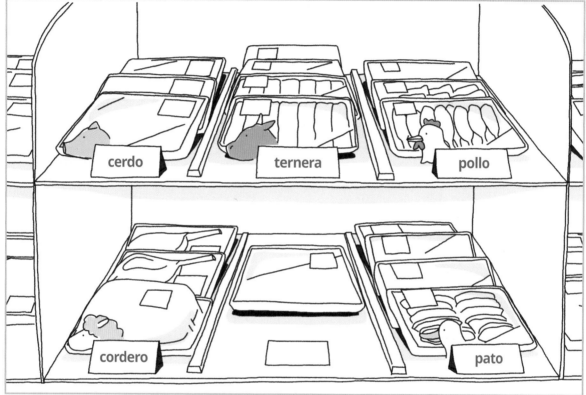

명 cerdo : 돼지고기
쎄르도

명 ternera : 소고기
떼르네라

명 pollo : 닭고기
뽀요

명 cordero : 양고기
꼬르데로

명 pato : 오리고기
빠또

mayonesa
(마요네싸)
마요네즈

salsa de soja
(쌀싸 데 쏘하)
간장

vinagre
(비나그레)
식초

wasabi
(와싸비)
와사비

aceite de chile
(아쎄이떼 데 칠레)
고추기름

pasta de soja
(빠쓰따 데 쏘하)
된장

salsa de tomate
(쌀싸 데 또마떼)
케첩

salsa de sésamo
(쌀싸 데 쎄싸모)
깨 소스

mostaza
(모쓰따싸)
머스타드 소스

salsa de chile
(쌀싸 데 칠레)
칠리소스

salsa de ostras
(쌀싸 데 오쓰뜨라쓰)
굴 소스

salsa de barbacoa
(쌀싸 데 바르바꼬아)
바비큐 소스

salsa teriyaki
(쌀싸 떼리야끼)
데리야키 소스

salsa tártara
(쌀싸 따르따라)
타르타르 소스

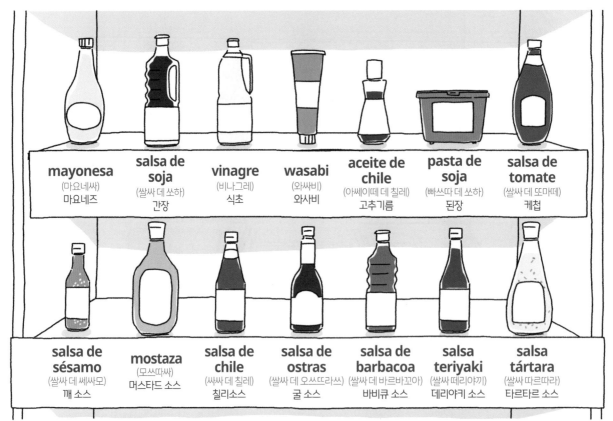

명 **salsa** : <u>소스</u>
쌀싸

명 **vegetal** : 야채
베헤딸

식자재 구매를 마쳤으니 요리 학원으로 가겠습니다. 저를 **Seguir**.

여기서 멀지 않은 곳에 교실이 있으니 좀 더 힘내세요!

헉..

헉..

고생하셨어요. 그럼 수업을 **Comencemos**.

수북수북

그 전에, 여러분을 위해 **delantal**과 위생모를 준비했습니다. 하나씩 착용해 주세요.

네~!

여러분은 왜 요리를 배우려고 하시나요?

네? 그야 점심 때우려고...

퍽!

호호, 당연히 미래를 위해서죠~!

훌륭한 선택이에요. 요리는 자신을 위해서도, 가족을 위해서도 좋은 일이죠.

🔲**Seguir.** : 따라와 주세요.
쎄기르.

🔲**Comencemos.** : 시작하죠.
꼬멘쎄모쓰.

🔲**delantal** : 앞치마
델란딸

결혼 전에 배워두면 배우자가 될 사람에게 어필할 수도 있고 말이에요.

요새는 요리도 결혼 스펙 중 하나로 보는 시선이 늘어 요리 교실도 활기를 띠고 있답니다.

하하, 네. 근데 수업은 언제…

그런 트렌드에 맞춰 우리 학원도…

저기! 요리할 때 쓰는 도구들은 어디에 있나요?

아, 벽-쪽에-있습니다.
음식을 집는 **pinza**는 왼쪽에, 국물을 뜰 때 쓰는 **cucharón**은 가운데, 부침을 뒤집는 **espátula**는 오른쪽에 있습니다.

여러분은 베트남 음식에 대해 얼마나 알고 있나요?

이야기가 딴 길로 샜네요.

음…

쌀국수?

소나 닭으로 낸 국물에 쌀로 만든 면과 파와 숙주, 고수를 넣어 먹는 거요!

호호, 잘 알고 계시네요.

명 pinza : 집게
삔싸

명 cucharón : 국자
꾸차론

명 espátula : 뒤집개
에스빠뚤라

베트남의 음식은 매우 다양합니다. 여러분이 잘 알고 있는 퍼(Pho), 그러니까 쌀국수만 있는 게 아닙니다.

밀과 **arroz**로 반죽해 만든 바게트에 다양한 재료를 넣어 먹는 베트남식 샌드위치, 바인미(Banh Mi).

쌀가루 반죽에 다양한 재료를 넣어 크레이프처럼 얇게 부친 베트남식 **frito** 요리, 바인쌔오(Banh Xeo).

라이스 페이퍼에 다양한 재료를 넣어 돌돌 만 다음 튀긴 베트남식 **frito** 요리, 넴잔(Nem Ran).

고기, 또는 해산물을 국수와 함께 볶아 먹는 **revuelto** 국수, 미싸오(Mi Xao).

명 **arroz** : 쌀
아르~오쓰

명 **frito** : 부침, 튀김
프'리또

명 **revuelto** : 볶음
르~에부엘또

쌀가루를 작은 접시에 담아 찌 다음, 고명을 얹어 특제소스와 함께 먹는 **al vapor** 요리, 바인베오(banh beo).

다진 돼지고기를 꼬치에 꽂아 숯불에 구워 먹는 베트남식 돼지고기 꼬치 **asado**, 넴느엉(Nem Nuong).

코코넛 주스, 또는 각종 소스를 뚝배기에 넣고 생선과 함께 조린 베트남식 생선 **hervido**, 까코또(Ca kho to).

부화 직전의 오리알을 삶은 **hervido** 요리, 쯩빗론(Trung Vit Lon).

노른자와 연유가 들어가 있어 달콤하고 부드러운 **huevo** 커피, 카페쯩(Caphe Trung).

囲 **al vapor** : 찜
알 바뽀르

囲 **asado** : 구이
아싸도

囲 **hervido** : 조림, 삶음
에르비도

囲 **huevo** : 계란
우에보

명 blanqueado : 데치다
블란께아도

명 sazonado : 무침
싸쏘나도

대 ustedes : 여러분
우스떼데스

레몬처럼
ácido 한 맛의 달인!
시마뱀!

초콜릿처럼
dulce 한 맛의 명인!
달수리!

고추처럼
picante 한 맛의 일인자!
맵소!

소금처럼
salado 한 맛의 지존!
짜구리!

커피처럼
amargo 한 맛의 거장!
쓰컹크!

형**ácido** ♂ **ácida** ♀ : **신맛의**
아씨도 / 아씨다

형**dulce** : **단맛의**
둘쎄

형**picante** : **매운맛의**
삐깐떼

형**salado** ♂ **salada** ♀ : **짠맛의**
쌀라도 / 쌀라다

형**amargo** ♂ **amarga** ♀ : **쓴맛의**
아마르고 / 아마르가

🗨 **El peor. : 최악이야.**
엘 뻬오르.

🗨 **Yo lo siento. : 저, 미안합니다.**
요 로 씨엔토

🗨 **preparar : 준비하다**
쁘레빠라르

... 이게 뭐냐면,

벌들이 벌집 속에 모아 두는 달콤한 액체인 **miel** 알고 계시죠?

그것을 투명한 **botella**에 담고 식재를 넣어 오랫동안 푹 절인 것입니다.

한 마디로 벌꿀 절임인 거죠.

세 가지 종류가 있으니 한 사람당 한 병씩 가져가 주세요.

ciruela

yuzu

cacahuete

고맙습니다~!

그럼... 안녕히 계세요~!

후다닥

... 당신들만 나타나면 죄다 도망쳐버리네...

요리 **clase**... 그만둘까...?

토닥토닥

명 **miel** : 벌꿀	명 **botella** : 병	명 **ciruela** : 매실	명 **yuzu** : 유자
미엘	보떼야	씨루엘라	유주

명 **cacahuete** : 견과류	명 **clase** : 수업
까까우에떼	끌라쎄

명 **compras** : **쇼핑**
꼼쁘라쓰

명 **grandes almacenes** : **백화점**
그란데쓰 알마쎄네쓰

명 **maquillaje** : **화장품**
마끼아헤

명 **muestra** : **표본**
무에쓰뜨라

문 **Por supuesto.** : **물론이죠.**
뽀르 쑤뿌에쓰또.

명 **descuento** : **할인**
데쓰꾸엔또

모든 **artículo**가 할인 대상이니까 이번 기회를 놓치면 분명 아쉬우실 거예요~

네? 전 품목이요⁉

무려 **mitad de precio**인 제품도 있답니다~

50%

어맛! 이건 사야 해...!

흠… 난 옷 사고 싶은데 어디로 가야 하지…

저기에 **mesa de información**이 있네! 가서 물어보자!

저 **conserje** 되게 예쁘지 않나?

난 콩순이 말고는 다 거기서 거기로 보여!

그러냐… 그보다 남자 옷가게는 4층에 **estar** 하다고 했지?

야! 우리 먼저 **escalera mecánica** 타고 올라간다⁉

그러든지 말든지~

명 **artículo** : 품목, 기사
아르띠꿀로

명 **mitad de precio** : 반값
미딷 데 쁘레씨오

명 **mesa de información** : 안내 데스크
메싸 데 인포「르마씨온

명 **conserje** : 안내원
꼰쎄르헤

동 **estar** : 있다
에스따르

명 **escalera mecánica** : 에스컬레이터
에쓰깔레라 메까니까

구경하고 4층으로 올라와! 알았지!? 얏.

어머, 이거 밝색 주여주네~!?

쟤는 1층에서 한 시간은 있겠네...

끄응, 딱히 맘에 드는 물건이 없네…

야~ 나 왔어!!

어라?-생각보다-일찍, 너, 너 손에 쥔 그 **bolsas de la compra**들은 다 뭐야!? 설마…

헉!

초고속으로 질러버렸지! 우하하하!!

훗!

응?

근데 넌 왜 빈손이야? 맘에 드는 게 없어?

ㅇㅇ..

음…

그러면 이번엔 연속적으로 배열되어 건물을 공유하는 스트릿 쇼핑몰, **centro comercial**로 가보자~!

명 **bolsas de la compra** : 쇼핑백
볼싸쓰 데 라 꼼쁘라

명 **centro comercial** : 쇼핑센터
쎈뜨로 꼬메르씨알

오~
이 **camiseta**
귀여운데?

그럴까~

여기는 괜찮은
옷들이 꽤 있네!

나 하나
사주라!

그거 알아? 패션에서
중요한 건 색의 조화야.

그 조화를 이루어내기 위해선
각각의 색이 주는 느낌을 알아야 해.

~♩

명 **camiseta** : 티셔츠
까미쎄따

📗 **gris : 회색**
그리쓰

📗 **blanco : 흰색**
블랑꼬

📗 **negro : 검은색**
네그로

📗 **rojo : 빨간색**
로호

📗 **anaranjado : 주황색**
아나랑하도

📗 **amarillo : 노란색**
아마리요

안정, 편안함, 따뜻함을 상징하는 **marrón**은
오래된 멋스러움을 연출할 때 좋지.

귀여움을 상징하는 **rosa**는
사랑스러움을 연출하고 싶을 때 좋은 아이템이야.

품위, 고귀함을 상징하는 **morado**는
상대방에게 고귀한 이미지를 주지만
동시에 우울감도 줄 수 있기 때문에 조심해야 해.

단정함, 모던함을 상징하는 **azul marino**는
무난한 느낌으로 사계절 내내 사랑받는 아이템이야.

평화, 안정, 자연을 상징하는 **verde**는
상대방에게 심리적으로 평온함을 느끼게 해주는 녀석이야.

지혜, 성실, 신뢰를 상징하는 **azul**은
면접을 보거나 비즈니스 관련 거래를 할 때 유용해.

명 **marrón : 갈색** 마르~온	명 **rosa : 분홍색** 르~오싸	명 **morado : 보라색** 모라도	명 **azul marino : 남색** 아쑬 마리노
명 **verde : 초록색** 베르데	명 **azul : 파란색** 아쑬		

… 너 자꾸 패션, 패션 하는데
그렇게 자신 있으면
누가 더 옷 잘 입나 대결해볼래?

서로 옷 갈아입고 나와서
매장 직원한테 **puntuación**
매겨 달라고 하자.

좋아!-바로-고고!
홋, 이탈리아에서 못 낸 승부를
오늘에서야 낼 수 있겠군!

이 녀석들이
질리지도 않고
또…

어떠냐!
촤!

빨간색 미니
falda 위로

커다란 분홍색 리본이 달린
blusa를 매치하여

쉐시함과

귀여움
두 마리 토끼를
모두 잡으면서

클레오파트라를 연상시키는
화려한 **collar**와

pendiente를
목과 귀에 걸침으로써
우아함까지 겸비했지!

그와 함께 메탈 소재의
손목 **reloj**를 착용함으로써
지적인 느낌을 어필했어!

몡 **puntuación** : **점수**
뿐뚜아씨온

몡 **falda** : **치마**
팔ᶠ다

몡 **blusa** : **블라우스**
블루싸

몡 **collar** : **목걸이**
꼬야르

몡 **pendiente** : **귀걸이**
뻰디엔떼

몡 **reloj** : **시계**
르~엘로흐

나로 말할 것 같으면!

촉!

갈기갈기 찢어진 데미지 **vaqueros** 위로

사방사방한 꽃무늬 **camisa**를 입음으로써

고난 속에서도   행복은 피어난다는

메시지를 세상에 전파함과 동시에

영화 탑건의 톰 크루즈를 연상시키는 항공 **chaqueta**를 어깨에 스리슬쩍 걸치고

목에는 퀴퀴한 빈티지함이 묻어나오는 갈색 **bufanda**를,

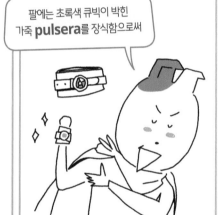

팔에는 초록색 큐빅이 박힌 가죽 **pulsera**를 장식함으로써

복고풍에서 뿜어져 나오는 멋스러움과 안정감을 두루 선보였다고!

헉..

하..

명**vaqueros** : 청바지
바께로쓰

명**camisa** : 셔츠
까미싸

명**chaqueta** : 재킷
차께따

명**bufanda** : 스카프
부판다

명**pulsera** : 팔찌
뿔쎄라

이 자식, 이제 보니 패션 **sentido**가 꽤 뛰어나잖아…?

큭…

저기요!!

얘랑 저랑 둘 중에 누가 더 옷 잘 입었어요? 평가한 뒤에 점수 매겨주세요!!

어… 왼편에 서 계신 **mujer**분은요…

리본에서부터 목걸이, 귀걸이… **joya**들이 과하신 것 같고요…

오른편에 서 계신 **hombre**분은…

제가 평가해드리기엔 매우 아방가르드 하시네요…

죄송한데 두 분 모두 제 상식 밖에 계신 것 같아서 점수를 매겨드리지 못하겠어요…

칫, 또 무슨부네.

ㅋㅋㅋ

우리 옷 갈아입고 나가서 시원한 과일주스나 **beber** 하자.

명 **sentido** : 감각, 느낌
쎈띠도

명 **mujer** : 여자, 부인
무헤르

명 **joya** : 장신구
호야

명 **hombre** : 남자
옴브레

통 **beber** : 마시다
베베르

명 **tienda** : 상점
띠엔다

통 **comprar** : 사다
꼼쁘라르

표현 **¿Cuánto cuesta?** : 얼마입니까?
¿꾸안또 꾸에쓰따?

명 **total** : 합계
또딸

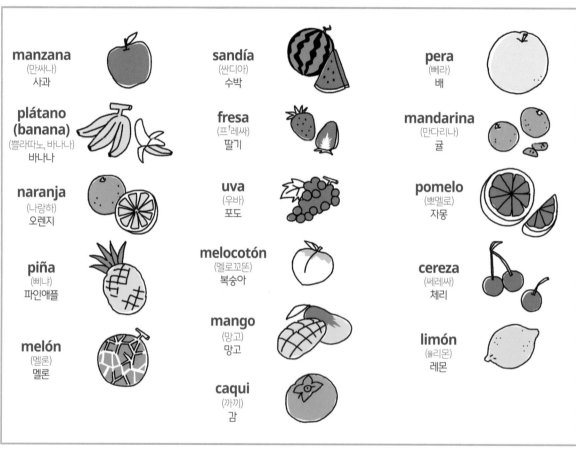

manzana
(만싸나)
사과

sandía
(싼디아)
수박

pera
(뻬라)
배

**plátano
(banana)**
(쁠라따노, 바나나)
바나나

fresa
(프「레싸)
딸기

mandarina
(만다리나)
귤

naranja
(나랑하)
오렌지

uva
(우바)
포도

pomelo
(뽀멜로)
자몽

piña
(삐냐)
파인애플

melocotón
(멜로꼬똔)
복숭아

cereza
(쎄레싸)
체리

melón
(멜론)
멜론

mango
(망고)
망고

limón
(올리몬)
레몬

caqui
(까끼)
감

분¡Maldita sea! : 젠장!
¡말디따 쎄아!

명mezcla : 혼합
메쓰끌라

형poco ♂ poca ♀ : 적은
뽀꼬 / 뽀까

형 **menos** : 더 적은
메노쓰

명 **ventilador** : 선풍기
벤띨라도르

형 **amplio** ♂ **amplia** ♀ : 넓은
암쁠리오 / 암쁠리아

07 규칙 변화 동사

동사 하나 외우기도 힘든데 7개씩 함께 외우기는 더 힘들겠죠?
하지만 다행히도 동사 변화에는 일정한 패턴이 있으므로 조금만 익숙해지면
그리 어렵게 느껴지지 않을 것입니다. 스페인어의 동사 변화에는
크게 세 가지의 패턴이 있습니다. 모든 동사의 끝은 ar,er,ir 중 하나입니다.

첫 번째로 배울 내용은 동사의 끝이 ar로 끝나는 동사들의 변화 패턴입니다.

패턴 1
ar 동사

estudiar [에쓰뚜디아르] 공부하다

Yo	estudio	에쓰뚜디오
Tú	estudias	에쓰뚜디아쓰
Él/Ella/Usted	estudia	에쓰뚜디아
Nosotros/Nosotras	estudiamos	에쓰뚜디아모쓰
Vosotros/Vosotras	estudiáis	에쓰뚜디아이쓰
Ellos/Ellas/Ustedes	estudian	에쓰뚜디안

공부하다 · 스페인어를

Yo   estudio   español

여기 동사들은 사용 빈도가 아주 높은 생활 속의 기초 동사!

소리 내어 여러 번 읽어서 입에서 술술 나오도록 익혀봐요~

다음으로 동사의 끝이 er, ir로 끝나는 동사들의 변화 패턴을 배워봅시다.
다행히도 −ar 동사의 변화 패턴과 크게 다르지 않습니다.

패턴2 er 동사

aprender [아쁘렌데르] 배우다

Yo	aprendo	아쁘렌도
Tú	aprendes	아쁘렌데쓰
Él/Ella/Usted	aprende	아쁘렌데
Nosotros/Nosotras	aprendemos	아쁘렌데모쓰
Vosotros/Vosotras	aprendéis	아쁘렌데이쓰
Ellos/Ellas/Ustedes	aprenden	아쁘렌덴

배우다 / 스페인어를

Yo / aprendo / español

패턴3 ir 동사

vivir [비비르] 살다, 거주하다

Yo	vivo	비보
Tú	vives	비베쓰
Él/Ella/Usted	vive	비베
Nosotros/Nosotras	vivimos	비비모쓰
Vosotros/Vosotras	vivís	비비쓰
Ellos/Ellas/Ustedes	viven	비벤

살다 / 스페인에서

Yo / vivo / en España

7장

열차는 사랑을 싣고

으아, 추워!
추워도 너무 추운 거 아냐!?
심지어 **nieve**까지 내리고 있네!

그러게, 누가 그런
fino 한 코트 입으래?

나처럼 이렇게
grueso 한
패딩을 입어야지!

너무 그러지 마!
형은 겨울옷이 이 **abrigo**
한 벌 뿐이란 말이얀!

자랑이다…

술…
나에게 술을 줘…

으응?

러시아 사람들은 이럴 때
술로 몸을 따뜻하게
calentar 한다며…?

가장 즐겨 마시는 게
vodka랬지, 아마…?
알코올 도수 40도의…

캬~
죽인다~!

… 그거 알아?

명 **nieve** : 눈 (snow)
니에베

형 **fino** ♂ **fina** ♀ : 얇은
피노 / 피나

형 **grueso** ♂ **gruesa** ♀ : 두꺼운
그루에쏘 / 그루에싸

명 **abrigo** : 코트
아브리고

동 **calentar** : 데우다
깔렌따르

명 **vodka** : 보드카
볻까

러시아에서는 야간에 보드카 및 각종 주류의 **venta**를 법적으로 금지하고 있어.

어쩌라고? 지금은 대낮인데 뭔 상관이야!

근데 **왜??**

춥다고 계속 마시다가 길거리에서 잠들어서 동사하는 일들이 종종 발생하거든.

아이고, 귀찮다. 그냥 여기서 자야지.

싸늘한 시체로 발견

그, 그냥 가던 길이나 가자…

러시아의 추위, **Yo tengo miedo**…!

쩌저적

… 으으, 손가락이 깨질 것만 같아…

주머니도 얼음장이야…

너 손에 끼고 있는 **guantes** 하.. 한 짝만.

어딜 감히!

탁!

아, 깨졌다.

图 **venta** : **판매**
벤따

图 **Yo tengo miedo.** : **나는 무섭다.**
요 뗑고 미에도.

图 **guantes** : **장갑**
구안떼쓰

너 도대체 우릴 어디로 데려가고 있는 거야! 언제까지 이렇게 추운 **exterior** 인 장소를 걷게 만들 셈이냐고!

이런 시간에 더 열심히 걸어라...

난 빨리 **caliente** 한 실내로 들어가고 싶단 말이야!

침대!! 전기장판!!

내가 말 안 했나?

지금 블라디보스토크 **estación**으로 가는 중이야~

아, 마침 저기 앞에 보이네.

역? 거기는 뭣 하러?

당연히 시베리아 횡단 **tren** 타고 기차여행 하려고 왔겠지?

명 **exterior** : 실외의
엑쓰떼리오르

형 **caliente** : 따뜻한
깔리엔떼

명 **estación** : 정거장, 계절
에쓰따씨온

명 **tren** : 열차
뜨렌

명 **entradas** : 표, 입장권
엔뜨라다쓰

형 **largo** 👨 / **larga** 👩 : 긴
올라르고 / 올라르가

명 **capital** : 수도
까삐딸

명 **interior** : 실내의
인떼리오르

룩스 객실 (일등석)

2인 1실

개방된 삼등석과 달리 일, 이등석은 객실 형태야. 일등석의 장점은 뭐니 뭐니 해도 1 좌석 1 콘센트! 핸드폰 충전한다고 경쟁하지 않아도 되지~ 짐을 둘 공간이 따로 있는 것도 장점이고. 다른 칸에서는 처음 보는 사람과 있는 경우가 많아서 짐 분실이 자주 생긴대.

식당

오전 9시부터 오후 11시까지 운영해. 2층 침대나 짐 때문에 바깥 보기 어려운 탑승 칸보다 탁 트인 창 덕분에 풍경을 구경하며 식사를 즐길 수 있는 장점이 있지! 가격이 좀 있다던데 여기까지 왔으면 한 번쯤 괜찮겠지?

괜히 일등석이 아니네~

응응! 이따 맛있는 거 먹으러 가자!

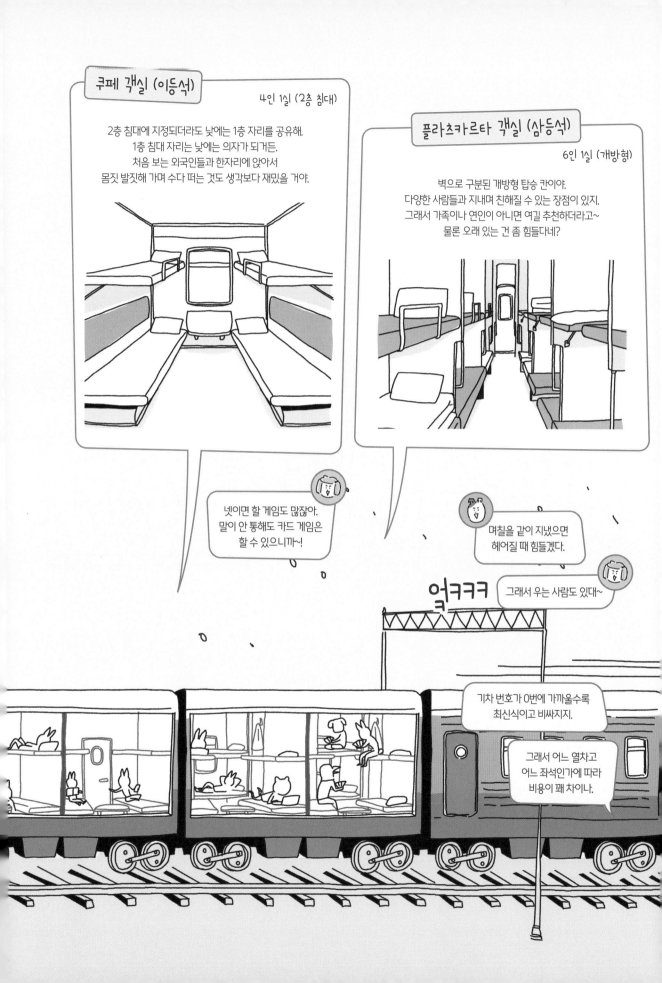

probablemente : 아마도
쁘로바블레멘떼

dejar : 그만두다
데하르

그날 이후로 내 능력의 한계를 뼈저리게 **sentir** 했거든.

그날이라면…

헉, 설마 우리 탓은 아니겠지…?

… 사실 고향에 어려서부터 결혼을 약속한, 그러니까 **compromiso**를 한 여인이 있단다. 그녀를 너무 기다리게 했어…

전셋집을 **alquilar** 해서 그녀와 평범하게 살려고 한다.

난 이제부터 다른 일을 찾아 열심히 일해서…

골머리 썩이는 시간은 그만 보내고 그녀와 좀 더 **beneficioso** 한 시간을 보낼 거야…

진심이에요? **previo** 의 아저씨는 일이 잘 안 풀리더라도 어떻게든 해결하려는 열정이 있었는데!

타다다다다닷!

········

이대로 끝내기 아쉽지 않으세요? 그러니까 **¡Ánimo!**

동 sentir : 느끼다
쎈띠르

명 compromiso : 약혼
꼼쁘로미쏘

동 alquilar : 임대하다
알낄라르

형 beneficioso : 유익한
베네피「씨오쏘

형 previo ♂ previa ♀ : 이전의
쁘레비오 / 쁘레비아

감 ¡Ánimo! : 기운 내요!
¡아니모!

다음 역은 하바롭스크 입니다.

... 안 되겠다!
우리 **siguiente** 역에 정차하면 내려서 술 마셔요!

야야...

진정해. 중도 하차하면 티켓 다시 사야 해!

지금 그게 중요해!?

중요하지! 티켓 한 장에 몇 루블인 줄 알아!?

얼만데?

그게 말이지...

소곤소곤

흐에에에에~?!

끼이익~

푸슈욱~

때마침 정차했나 보네!

아저씨, 짐 챙겨요!
우리 나가서 **pub**으로 가요!

---

siguiente : 다음의
씨기엔떼

pub : 맥줏집
뿝

들어가자마자 아저씬 **cerveza de barril** 20,000cc를 그대로 들이부으세요!

어떻게? 한방에 **¡Para adentro!**

캬~!!

전 병따개로 **cerveza embotellada** 따면서 천천히 마실게요!

… 미안하지만 그럴 순 없단다…

아저씨…

흥,

역시 아저씨는 상식이 박혀있는 사람이라니깨!

난 맥주를 안 좋아한단다.

우당탕

멕시코 고유의 술인 독한 **tequila**를 좋아해.

ㅋㅋㅋ-진작에-말씀하시지! 그러면 맥줏집 말고 **bar**로 가요!

아저씬 데킬라!

난 스코틀랜드의 전통 증류주인 스카치 **whisky!**

넌!?

나, 난 블랙 러시안 같은 **cóctel**…?

명 **cerveza de barril** : 생맥주
쎄르베싸 데 바르~일

문 **¡Para adentro!** : 원샷!
¡빠라 아덴뜨로!

명 **cerveza embotellada** : 병맥주
쎄르베싸 엠보떼야다

명 **tequila** : 테킬라
떼낄라

명 **bar** : 술집
바르꼬

명 **whisky** : 위스키
위쓰끼

명 **cóctel** : 칵테일
꼭뗄

📖 **Hasta luego.** : 다시 만납시다.
아스따 루에고.

📖 **decir** : 말하다 (say)
데씨르

📖 **¡Despiértate!** : 일어나!
¡데쓰삐에르따떼!

명 **diario** : 일기
디아리오

명 **oficina** : 사무실
오피 f 씨나

명 **correo electrónico** : 이메일
꼬르~에오 엘렉뜨로니꼬

동 **revisar** : 재검토하다
르~에비싸르

동 negociar : 거래하다, 협상하다
네고씨아르

명 sello : 도장
쎄요

표현 Buen trabajo. : 잘했다.
부엔 뜨라바호.

명 reunión : 회의
르~에우니온

아, librería에 들러서 신간이 뭐 나왔는지 한번 볼까~?

헐!?

그 아저씨 libro 내셨네!? 그것도 베스트셀러얌!

베스트셀러

아저씨… 오랜 시간이 걸렸지만, 결국엔 triunfar 하셨구나…

정말 잘 됐다~

… 사실 그 보물섬 뒤로 어떤 내용이 펼쳐질까 쭉 궁금했었는데 어디 보자…

녀석…

핫! 맞다! 이럴 시간이 없어!

우리 쌍둥이들 9살 기념 생일파티가 열리는데 단정하게 머리카락을 cortar 하고 가야지!

자식들의 amigo 한테 멋진 아빠로 보여야 하지 않겠어!? 빨리 가자!

훅!

이 놈이 끝까지…

명 **librería** : 서점
올리브레리아

명 **libro** : 책
올리브로

통 **triunfar** : 성공하다
뜨리운파르

통 **cortar** : 자르다
꼬르따르

명 **amigo** ♂ **amiga** ♀ : 친구
아미고 / 아미가

명 **regalo** : 선물
르~에갈로

🖼 **Bienvenido.** : 어서 오세요.
　비엔베니도.

🖼 **Yo estoy de vuelta.** : 다녀왔습니다.
　요 에쓰또이 데 부엘따.

대박!

순식간에 끝나버렸네?
자, 그럼 **가나다** 순으로
한 번 더 복습해볼까?

가나다순으로
빠르게 찾아보자!!

가나다 사전

찾았다!!
요놈~

ㄱ			간장	salsa de soja 쌀싸 데 쏘하
가격	precio 쁘레씨오		**간호사**	enfermero ♂ enfermera ♀ 엔페'르메로 / 엔페'르메라
가구	mueble 무에블레		**갈색**	marrón 마르~온
가까이	cerca 쎄르까		**감**	caqui 까끼
가난한	pobre 뽀브레		**감각**	sentido 쎈띠도
가능한	posible 뽀씨블레		**감사하다**	agradecer 아그라데쎄르
가다	ir 이르		**감자**	patata 빠따따
가득 찬	lleno ♂ llena ♀ 예노 / 예나		**감자튀김**	patatas fritas 빠따따쓰 프'리따쓰
가르치다	enseñar 엔쎄냐르		**갑자기**	repentinamente 르~에뻰띠나멘떼
가리키다	señalar 쎄냘라르		**값싼**	barato ♂ barata ♀ 바라또 / 바라따
가방	bolso 볼쏘		**강**	río 르~이오
가벼운	ligero ♂ ligera ♀ 을리헤로 / 을리헤라		**강력한**	poderoso ♂ poderosa ♀ 뽀데로쏘 / 뽀데로싸
가수	cantante 깐딴떼		**강압적인**	exigente 엑씨헨떼
가스	gas 가쓰		**강한**	fuerte 푸'에르떼
가운데	medio 메디오		**같은**	mismo ♂ misma ♀ 미쓰모 / 미쓰마
가을	otoño 오또뇨		**개**	perro ♂ perra ♀ 뻬르~오 / 뻬르~아
가장	más 마쓰		**개인의**	personal 뻬르쏘날
가져오다	traer 뜨라에르		**개인적으로**	personalmente 뻬르쏘날멘떼
가족	familia 파'밀리아		**객실 가격**	tarifa de la habitación 따리파' 데 을라 아비따씨온
가지고 가다	llevar 예바르		**거래하다**	negociar 네고씨아르
가지고 있다	tener 떼네르		**거리** street	calle 까예
가짜의	falso ♂ falsa ♀ 팔'쏘 / 팔'싸		**거리** distance	distancia 디쓰딴씨아
가치	valor 발로르		**거스름돈**	cambio 깜비오
간단한	fácil 파'씰		**거실**	sala de estar 쌀라 데 에쓰따르
간단히	simplemente 씸쁠레멘떼		**거울**	espejo 에쓰뻬호
간식	merienda 메리엔다		**거의**	casi 까씨
간이침대	cama adicional 까마 아디씨오날		**거짓말**	mentira 멘띠라

한국어	스페인어	한국어	스페인어
거짓말쟁이	mentiroso♂ mentirosa♀ 멘띠로쏘 / 멘띠로싸	경고하다	advertir 아드베르띠르
거짓말하다	mentir 멘띠르	경력	carrera 까르~에라
걱정	preocupación 쁘레오꾸빠씨온	경우	caso 까쏘
걱정스러운	preocupado♂ preocupada♀ 쁘레오꾸빠도 / 쁘레오꾸빠다	경이로운	increíble 인끄레이블레
건강	salud 쌀룻	경쟁	competición 꼼뻬띠씨온
건강한	sano♂ sana♀ 싸노 / 싸나	경찰	policía 뽈리씨아
건너다	atravesar 아뜨라베싸르	경찰서	comisaría 꼬미싸리아
건설하다	construir 꼰쓰뜨루이르	계곡	valle 바예
건조한	seco♂ seca♀ 쎄꼬 / 쎄까	계단	escalera 에쓰깔레라
걷다	caminar 까미나르	계란	huevo 우에보
걸다	apostar 아뽀쓰따르	계속하다	continuar 꼰띠누아르
검색하다	buscar 부쓰까르	계절	estación 에쓰따씨온
검은색	negro 네그로	계좌	cuenta 꾸엔따
겉만 익힘	casi crudo 까씨 끄루도	계획	plan 쁠란
게다가	además 아데마쓰	고구마	batata 바따따
게으른	perezoso♂ erezosa♀ 뻬레쏘쏘 / 뻬레쏘싸	고기	carne 까르네
게이트	puerta 뿌에르따	고르다	escoger 에쓰꼬헤르
겨울	invierno 인비에르노	고모	tía 띠아
견과류	cacahuete 까까우에떼	고모부	tío 띠오
결과	resultado 르~에쑬따도	고속도로	autopista 아우또삐쓰따
결정	decisión 데씨씨온	고양이	gato♂ gata♀ 가또 / 가따
결정하다	decidir 데씨디르	고정하다	fijar 피하르
결혼	matrimonio 마뜨리모니오	고추기름	aceite de chile 아쎄이떼 데 칠레
결혼식	boda 보다	고치다	reparar 르~에빠라르
결혼을 한	casado♂ casada♀ 까싸도 / 까싸다	고통	dolor 돌로르
결혼하다	casarse 까싸르쎄	고통스러운	doloroso♂ dolorosa♀ 돌로로쏘 / 돌로로싸
경고	advertencia 앋베르뗀씨아	곧	pronto 쁘론또

곧은	recto ♟ recta ♟ ㄹ~엑또 / ㄹ~엑따	국가	país 빠이쓰
골목길	callejón 까예혼	국가의	nacional 나씨오날
골프	golf 골프	국내의	doméstico ♟ doméstica ♟ 도메쓰띠꼬 / 도메쓰띠까
공간	espacio 에쓰빠씨오	국수	fideos 피데오쓰
공부	estudio 에쓰뚜디오	국자	cucharón 꾸차론
공원	parque 빠르께	국제적인	internacional 인떼르나씨오날
공유하다	compartir 꼼빠르띠르	군인	soldado 쏠다도
공장	fábrica 파브리까	굴 소스	salsa de ostras 쌀싸 데 오쓰뜨라쓰
공정한	justo ♟ justa ♟ 후쓰또 / 후쓰따	권위적인	autoritario ♟ autoritaria ♟ 아우또리따리오 / 아우또리따리아
공책	nota 노따	권하다	invitar 인비따르
공항	aeropuerto 아에로뿌에르또	귀	oreja 오레하
과거	pasado 빠싸도	귀걸이	pendiente 뻰디엔떼
과일	fruta 프루따	귀여운	lindo ♟ linda ♟ 을린도 / 을린다
과자	galleta 가예따	귤	mandarina 만다리나
과정	curso 꾸르쏘	그 *대명사	él 엘
과학	ciencia 씨엔씨아	그 *형용사	eso ♟ esa ♟ 에쏘 / 에싸
관계	relación ㄹ~엘라씨온	그 밖에	otro ♟ otra ♟ 오뜨로 / 오뜨라
관광 여행	turismo 뚜리쓰모	그 전에	antes de eso 안떼쓰 데 에쏘
관리자	gerente 헤렌떼	그 후에	después de eso 데쓰뿌에쓰 데 에쏘
광장	plaza 쁠라싸	그건 그렇고	por cierto 뽀르 씨에르또
교통	tráfico 뜨라피꼬	그것	eso 에쏘
교환하다	intercambiar 인떼르깜비아르	그들	ellos ♟ ellas ♟ 에요쓰 / 에아쓰
구름	nube 누베	그래서	así que 아씨 께
구성원	miembro 미엠브로	그러나	pero 뻬로
구이	asado 아싸도	그런	tal 딸
구체적인	específico ♟ específica ♟ 에쓰뻬씨피꼬 / 에쓰뻬씨피까	그렇게	así 아씨
구하다	salvar 쌀바르	그렇다면	entonces 엔똔쎄쓰

한국어	스페인어	한국어	스페인어
그림	dibujo 디부호	긴	largo♂ larga♀ 을라르고 / 을라르가
그만두다	dejar 데하르	긴장을 풀다	relajar ㄹ~엘라하르
그분	esa persona 에싸 뻬르소나	길 road	carretera 까르~에떼라
그저께	anteayer 안떼아예르	길 way	camino 까미노
그쪽	ahí 아이	길을 잃은	perdido♂ perdida♀ 뻬르디도 / 뻬르디다
극장	teatro 떼아뜨로	깊게	velozmente 벨로쓰멘떼
근면한	trabajador♂ trabajadora♀ 뜨라바하도르 / 뜨라바하도라	깊은	profundo♂ profunda♀ 프로푼'도 / 프로푼'다
금	oro 오로	깜짝 놀란	sorprendido♂ sorprendida♀ 쏘르쁘렌디도 / 쏘르쁘렌디다
금고	caja de seguridad 까하 데 쎄구리닫	깨 소스	salsa de sésamo 쌀싸 데 쎄싸모
금요일	viernes 비에르네쓰	깨끗한	limpio♂ limpia♀ 을림삐오 / 을림삐아
금융의	financiero♂ financiera♀ 피'난씨에로 / 피'난씨에라	깨닫다	darse cuenta 다르쎄 꾸엔따
급작스러운	repentino♂ repentina♀ ㄹ~에뻰띠노 / ㄹ~에뻰띠나	깨뜨리다	romper ㄹ~옴뻬르
급한	apresurado♂ apresurada♀ 아쁘레쑤라도 / 아쁘레쑤라다	껴안다	abrazar 아브라싸르
긍정적인	positivo♂ positiva♀ 뽀씨띠보 / 뽀씨띠바	꼭대기	cima 씨마
기계	máquina 마끼나	꽉 조이는	ajustado♂ ajustada♀ 아후쓰따도 / 아후쓰따다
기내식	comida de avión 꼬미다 데 아비온	꿈	sueño 쑤에뇨
기념품 가게	tienda de regalos 띠엔다 데 ㄹ~에갈로쓰	끄다	apagar 아빠가르
기념하다	celebrar 쎌레브라르	끔찍한	terrible 떼ㄹ~이블레
기능	función 푼'씨온	끝	fin 핀'
기다리다	esperar 에쓰뻬라르	끝내다	terminar 떼르미나르
기대하다		**ㄴ**	
기름	aceite 아쎄이떼	나	yo 요
기쁨	placer 쁠라쎄르	나가다	salir 쌀리르
기사	artículo 아르띠꿀로	나르다	cargar 까르가르
기술	técnico♂ técnica♀ 떼끄니꼬 / 떼끄니까	나무	árbol 아르볼
기억하다	recordar ㄹ~에꼬르다르	나쁜	malo♂ mala♀ 말로 / 말라
기회	oportunidad 오뽀르뚜니닫	나이	edad 에닫

나중에	después 데쓰뿌에쓰	노트북	ordenador portátil 오르데나도르 뽀르따띨
날다	volar 볼라르	녹차	té verde 떼 베르데
날씨	clima 끌리마	놀라운	sorprendido ♟ sorprendida ♟ 쏘르쁘렌디도 / 쏘르쁘렌디다
날짜	fecha 페ᴵ차	놀이	juego 후에고
남색	azul marino 아쑬 마리노	농구	baloncesto 발론쎄쓰또
남자	hombre 옴브레	농담	broma 브로마
남자 친구	novio 노비오	농담하다	bromear 브로메아르
남자 형제	hermano 에르마노	높은	alto ♟ alta ♟ 알또 / 알따
남쪽	sur 쑤르	놓다	dejar 데하르
남편	marido 마리도	놓치다	perder 뻬르데르
낮	día 디아	누구	quién 끼엔
낮은	bajo ♟ baja ♟ 바호 / 바하	누구든지	cualquiera 꾸알끼에라
낱말	palabra 빨라브라	누군가	alguien 알기엔
내일	mañana 마냐나	눈 eye	ojo 오호
냄새	olor 올로르	눈 snow	nieve 니에베
냄새가 난다	oler 올레르	눕다	tumbarse 뚬바르쎄
냅킨	servilleta 쎄르비예따	뉴스	noticias 노띠씨아쓰
냉장고	nevera 네베라	느끼다	sentir 쎈띠르
너	tú 뚜	느낌	sentido 쎈띠도
너무	demasiado ♟ demasiada ♟ 데마씨아도 / 데마씨아다	느리게	lentamente 을렌따멘떼
너희	vosotros ♟ vosotras ♟ 보쏘뜨로쓰 / 보쏘뜨라쓰	느린	lento ♟ lenta ♟ 을렌또 / 을렌따
넓은	amplio ♟ amplia ♟ 암쁠리오 / 암쁠리아	늙은	viejo ♟ vieja ♟ 비에호 / 비에하
넘기다	saltar 쌀따르	늦게	tarde 따르데
넥타이	corbata 꼬르바따	늦은	
노란색	amarillo 아마리요	ㄷ	
노래	canción 깐씨온	다루다	manejar 마네하르
노래하다	cantar 깐따르	다르게	diferentemente 디페ᴵ렌떼멘떼

한국어	스페인어	한국어	스페인어
다른	diferente 디페[']렌떼	대기	espera 에쓰뻬라
다른 사람	otro ♂ otra ♀ 오뜨로 / 오뜨라	대답	respuesta 르~에쓰뿌에쓰따
다리 leg	pierna 삐에르나	대답하다	responder 르~에쓰뽄데르
다리 bridge	puente 뿌엔떼	대중	público 뿌블리꼬
다시	otra vez 오뜨라 베쓰	대학	universidad 우니베르씨닫
다양한	varios ♂ varias ♀ 바리오쓰 / 바리아쓰	대화	conversación 꼰베르싸씨온
다음 주에	la próxima semana 울라 쁘록씨마 쎄마나	더	más 마쓰
다음번에	la próxima vez 울라 쁘록씨마 베쓰	더 낮은	más bajo ♂ más baja ♀ 마쓰 바호 / 마쓰 바하
다음의	siguiente 씨기엔떼	더 높은	más alto ♂ más alta ♀ 마쓰 알또 / 마쓰 알따
다이어트	dieta 디에따	더 많은	más 마쓰
다치게 하다	dañar 다냐르	더 작은	menor 메노르
단 하나의	solo ♂ sola ♀ 쏠로 / 쏠라	더 적은	menos 메노쓰
단단한	duro ♂ dura ♀ 두로 / 두라	더 좋은	mejor 메호르
단맛의	dulce 둘쎄	더 큰	mayor 마요르
단짝	mejor amigo 메호르 아미고	더러운	sucio ♂ sucia ♀ 쑤씨오 / 쑤씨아
단체	grupo 그루뽀	더블 샷	espresso doble 에쓰쁘레쏘 도블레
닫다	cerrar 쎄르~아르	더블 침대	cama matrimonial 까마 마뜨리모니알
닫힌	cerrado ♂ errada ♀ 쎄르~아도 / 쎄르~아다	더운물	agua caliente 아구아 깔리엔떼
달	luna 울루나	더하다	añadir 아냐디르
달력	calendario 깔렌다리오	던지다	tirar 띠라르
달리다	correr 꼬르~에르	덮다	cubrir 꾸브리르
닭고기	pollo 뽀요	데리야키 소스	salsa teriyaki 쌀싸 떼리야끼
담배	cigarrillo 씨가르~이요	데우다	calentar 깔렌따르
담요	manta 만따	데이터	datos 다또쓰
답장하다	responder 르~에쓰뽄데르	데치다	blanqueado 블란께아도
당근	zanahoria 싸나오리아	도로	carretera 까르~에떼라
당기다	atraer 아뜨라에르	도서관	biblioteca 비블리오떼까

도시	ciudad 씨우닫	두드리다	golpear 골뻬아르
도어맨	portero 뽀르떼로	두리안	durian 두리안
도움	ayuda 아유다	둘 다	ambos ♂ ambas ♀ 암보쓰 / 암바쓰
도장	sello 쎄요	뒤	atrás 아뜨라쓰
도착	llegada 예가다	뒤로	detrás 데뜨라쓰
도착하다	llegar 예가르	뒤집개	espátula 에스빠뚤라
독서	lectura 을렉뚜라	드디어	por fin 뽀르 핀
돈	dinero 디네로	듣다 listen	escuchar 에스꾸차르
돈을 벌다	ganar 가나르	듣다 hear	oír 오이르
돌	piedra 삐에드라	들어가다	entrar 엔뜨라르
돌다	girar 히라르	등	espalda 에쓰빨다
돕다	ayudar 아유다르	디자인	diseño 디쎄뇨
동료	colega 꼴레가	디저트	postre 뽀쓰뜨레
동물	animal 아니말	따르다	seguir 쎄기르
동의하다	estar de acuerdo 에스따르 데 아꾸에르도	따뜻한	caliente 깔리엔떼
동일하게	igualmente 이구알멘떼	딱	justamente 후쓰따멘떼
동전	moneda 모네다	딸	hija 이하
동쪽	este 에쓰떼	딸기	fresa 프레싸
동화	cuento infantil 꾸엔또 인판띨	땅	suelo 수엘로
돼지고기	cerdo 쎄르도	때때로	a veces 아 베쎄쓰
되다	convertirse 꼰베르띠르쎄	때리다	pegar 뻬가르
되돌아가다	volver 볼베르	떠나다	marcharse 마르차르쎄
된장	pasta de soja 빠쓰따 데 쏘하	떨어뜨리다	caerse 까에르쎄
두 배의	doble 도블레	떨어지다	caer 까에르
두 번	dos veces 도쓰 베쎄쓰	또한	también 땀비엔
두 사람	dos personas 도쓰 뻬르쏘나쓰	똑바로	recto 르~엑또
두꺼운	grueso ♂ gruesa ♀ 그루에쏘 / 그루에싸	뜨거운	caliente 깔리엔떼

ㄹ		
라디오	radio 라디오
레드와인	vino tinto 비노 띤또
레몬	limón 을리몬
룰	regla 르~에글라
룸메이트	compañero de habitación 꼼빠녜로 데 아비따씨온
룸서비스	servicio de habitación 쎄르비씨오 데 아비따씨온
리더	líder 을리데르
리치	lychee 을리찌
리필하다	rellenar 르~에예나르

ㅁ		
마늘	ajo 아호
마루	piso 삐쏘
마른 skinny	delgado ♂ delgada ♀ 델가도 / 델가다
마시다	beber 베베르
마요네즈	mayonesa 마요네싸
마을	pueblo 뿌에블로
마지막으로	finalmente 피'날멘떼
마카롱	macaron 마까론
막대	barra 바르~아
만나다	encontrarse 엔꼰뜨라르쎄
만들다	hacer 아쎄르
만족스러운	satisfecho ♂ satisfecha ♀ 싸띠쓰페'초 / 싸띠쓰페'차
만족한	contento ♂ contenta ♀ 꼰뗀또 / 꼰뗀따
만지다	tocar 또까르
많은	mucho ♂ mucha ♀ 무초 / 무차
많이	mucho 무초

말다툼하다	discutir 디쓰꾸띠르
말하다 chat	decir 데씨르
말하다 say	hablar 아블라르
맛	sabor 싸보르
맛보다	probar 쁘로바르
맛있는	rico ♂ rica ♀ 리꼬 / 리까
망고	mango 망고
망고스틴	mangostino 망고쓰띠노
매번	siempre 시엠쁘레
매실	ciruela 씨루엘라
매우	muy 무이
매운맛의	picante 삐깐떼
매일	todos los días 또도쓰 을로쓰 디아쓰
매표소	taquilla 따끼야
맥주	cerveza 쎄르베싸
맥줏집	pub 뿝
머리	cabeza 까베싸
머리카락	pelo 뻴로
머물다	quedarse 께다르쎄
머스타드 소스	mostaza 모쓰따싸
먹다	comer 꼬메르
먼저	primero 쁘리메로
멀리 있는	lejos 을레호쓰
멈추다	parar 빠라르
메뉴판	menú 메누
메모	nota 노따
메시지	mensaje 멘싸헤

1등 스페인어 단어장 | 333

멜론	melón 멜론	무서워하는	asustado 🙎 asustada 🙎‍♀️ 아쑤쓰따도 / 아쑤쓰따다
면세점	tienda libre de impuestos 띠엔다 을리브레 데 임뿌에쓰또쓰	무선인터넷	wi-fi 위피ᶦ
면접	entrevista 엔뜨레비쓰따	무시하다	ignorar 익노라르
명령하다	mandar 만다르	무언가	algo 알고
명예	honor 오노르	무엇	qué 께
몇 번	qué número 께 누메로	무침	sazonado 싸쏘나도
몇 회	muchas veces 무차쓰 베쎄쓰	문	puerta 뿌에르따
모닝콜	despertador telefónico 데쓰뻬르따도르 뗄레포ᶦ니꼬	문서	documento 도꾸멘또
모두	todos 또도쓰	문자 메세지	mensaje de texto 멘싸헤 데 떽쓰또
모든 곳에	por todas partes 뽀르 또다쓰 빠르떼쓰	문제 issue	caso 까쏘
모레	pasado mañana 빠싸도 마냐나	문제 problem	problema 쁘로블레마
모으다	coleccionar 꼴렉씨오나르	묻다	preguntar 쁘레군따르
모자	sombrero 쏨브레로	물	agua 아구아
모퉁이	esquina 에쓰끼나	물론	por supuesto 뽀르 쑤뿌에쓰또
목	cuello 꾸에요	뭐든지	cualquier cosa 꾸알끼에르 꼬싸
목걸이	collar 꼬야르	뮤지컬	musical 무씨깔
목록	lista 을리쓰따	미래	futuro 푸ᶦ뚜로
목소리	voz 보쓰	미소 짓다	sonreír 쏜르~에이르
목요일	jueves 후에베쓰	미술관	museo de arte 무쎄오 데 아르떼
목이 마르다	sediento 🙎 sedienta 🙎‍♀️ 쎄디엔또 / 쎄디엔따	미워하다	odiar 오디아르
목적지	destino 데쓰띠노	미친	loco 🙎 loca 🙎‍♀️ 을로꼬 / 을로까
목표	objetivo 옵헤띠보	믿다	creer 끄레에르
몸	cuerpo 꾸에르뽀	밀다	empujar 엠뿌하르
못생긴	feo 🙎 fea 🙎‍♀️ 페ᶦ오 / 페ᶦ아	**ㅂ**	
무거운	pesado 🙎 pesada 🙎‍♀️ 뻬싸도 / 뻬싸다	바깥쪽	exterior 엑쓰떼리오르
무례한	grosero 🙎 grosera 🙎‍♀️ 그로쎄로 / 그로쎄라	바꾸다	cambiar 깜비아르
무릎	rodilla 르~오디야	바나나	plátano / banana 쁠라따노 / 바나나

한국어	스페인어	한국어	스페인어
바닐라 라테	café con vainilla 까페 꼰 바이니야	밤에	por la noche 뽀르 을라 노체
바다	mar 마르	방	habitación 아비따씨온
바닥	piso 삐쏘	방 번호	número de habitación 누메로 데 아비따씨온
바라다	esperar 에쓰뻬라르	방문객	visitante 비씨딴떼
바라보다	mirar 미라르	방문하다	visitar 비씨따르
바람	viento 비엔또	방향	dirección 디렉씨온
바람 부는	ventoso ♂ ventosa ♀ 벤또쏘 / 벤또싸	배 stomach	estómago 에쓰또마고
바보	tonto ♂ tonta ♀ 똔또 / 똔따	배 ship	barco ♂ nave ♀ 바르꼬 / 나베
바비큐 소스	salsa de barbacoa 쌀싸 데 바르바꼬아	배 pear	pera 뻬라
바쁜	ocupado ♂ ocupada ♀ 오꾸빠도 / 오꾸빠다	배구	vóleibol 볼레이볼
바지	pantalón 빤딸론	배낭	mochila 모칠라
바퀴	rueda 르~우에다	배달	entrega 엔뜨레가
박물관	museo 무쎄오	배우	actor ♂ actriz ♀ 악또르 / 악뜨리쓰
밖으로	fuera 푸에라	배우다	aprender 아쁘렌데르
반값	mitad de precio 미땉 데 쁘레씨오	배터리	batería 바떼리아
반납하다	devolver 데볼베르	백화점	grandes almacenes 그란데쓰 알마쎄네쓰
반대쪽의	opuesto ♂ opuesta ♀ 오뿌에쓰또 / 오뿌에쓰따	버섯	seta 세따
반바지	pantalones cortos 빤딸로네쓰 꼬르또쓰	버스	autobús 아우또부쓰
반복하다	repetir 르~에뻬띠르	버스 정류장	parada de autobús 빠라다 데 아우또부쓰
반지	anillo 아니요	버튼	botón 보똔
받다	recibir 르~에씨비르	번역가	traductor ♂ traductora ♀ 뜨라둑또르 / 뜨라둑또라
받아들이다	aceptar 아쎕따르	번화가	centro de la ciudad 쎈뜨로 데 울라 씨우닫
발	pie 삐에	벌꿀	miel 미엘
발가락	dedo del pie 데도 델 삐에	벌레	insecto 인쎅또
발상	idea 이데아	법	ley 을레이
발생하다	suceder 쑤쎄데르	벗다	quitarse 끼따르쎄
밝은	claro ♂ clara ♀ 끌라로 / 끌라라	베개	almohada 알모아다

벤치	banco 방꼬	부유한	rico ♂ rica ♀ 르~이꼬 / 르~이까
벼룩시장	mercadillo 메르까디요	부인	mujer 무헤르
벽	pared 빠렏	부정적인	negativo ♂ negativa ♀ 네가띠보 / 네가띠바
변명	excusa 엑쓰꾸싸	부족한	insuficiente 인쑤피씨엔떼
병	botella 보떼야	부침	frito 프리또
병맥주	cerveza embotellada 쎄르베싸 엠보떼야다	부탁합니다	por favor 뽀르파보르
병원	hospital 오쓰삐딸	북쪽	norte 노르떼
보내다	enviar 엔비아르	분	minuto 미누또
보다	ver 베르	분명하게	claramente 끌라라멘떼
보드카	vodka 보드까	분명한	claro ♂ clara ♀ 끌라로 / 끌라라
보라색	morado 모라도	분홍색	rosa 르~오싸
보여주다	mostrar 모쓰뜨라르	불	fuego 푸에고
보통	generalmente 헤네랄멘떼	불가능한	imposible 임뽀씨블레
보통의	normal 노르말	불공평한	injusto ♂ injusta ♀ 인후쓰또 / 인후쓰따
복도 석	asiento de pasillo 아씨엔또 데 빠씨요	불다	soplar 쏘쁠라르
복숭아	melocotón 멜로꼬똔	불량한	malo ♂ mala ♀ 말로 / 말라
복잡한	complicado ♂ complicada ♀ 꼼쁠리까도 / 꼼쁠리까다	불법적인	ilegal 일레갈
볶음	revuelto 르~에부엘또	불안한	nervioso ♂ nerviosa ♀ 네르비오쏘 / 네르비오싸
본문	texto 떽쓰또	불타다	quemar 께마르
볼펜	bolígrafo 볼리그라포	불편한	incómodo ♂ incómoda ♀ 인꼬모도 / 인꼬모다
봄	primavera 쁘리마베라	불행하게	desafortunadamente 데싸포르뚜나다멘떼
봉사료	comisión por el servicio 꼬미씨온 뽀르 엘 쎄르비씨오	브라우니	brownie 브라우니
부드러운	suave 쑤아베	블라우스	blusa 블루싸
부드럽게	suavemente 쑤아베멘떼	비	lluvia 유비아
부르다	llamar 야마르	비가 오는	lluvioso ♂ lluviosa ♀ 유비오쏘 / 유비오싸
부모님	padres 빠드레쓰	비누	jabón 하본
부엌	cocina 꼬씨나	비밀	secreto 쎄끄레또

비밀번호	clave 끌라베	**사본**	copia 꼬삐아
비상상황	emergencia 에메르헨씨아	**사실**	hecho 에초
비서	secretaria 쎄끄레따리아	**사안**	asunto 아쑨또
비슷한	similar 씨밀라르	**사업**	negocios 네고씨오쓰
비싼	caro♟ cara♟ 까로 / 까라	**사용하다**	usar 우싸르
비용이 들다	costar 꼬쓰따르	**사적인**	privado♟ privada♟ 쁘리바도 / 쁘리바다
비행	vuelo 부엘로	**사전**	diccionario 딕씨오나리오
비행기	avión 아비온	**사증**	visa 비싸
빌딩	edificio 에디피ʳ씨오	**사진**	foto 포ʳ또
빌리다	prestar 쁘레쓰따르	**사진기**	cámara de fotografía 까마라 데 포ʳ또그라피ʳ아
빗	peine 뻬이네	**사촌**	primo♟ prima♟ 쁘리모 / 쁘리마
빠른	rápido♟ rápida♟ ㄹ~아삐도 / ㄹ~아삐다	**사탕**	caramelo 까라멜로
빨간색	rojo 로호	**산**	montaña 몬따냐
빨래하다	lavar la ropa 을라바르 울라 ㄹ~오빠	**살다**	vivir 비비르
빨리	rápidamente ㄹ~아삐다멘떼	**살아남다**	sobrevivir 쏘브레비비르
빵	pan 빤	**살아있는**	vivo♟ viva♟ 비보 / 비바
人		**살짝 익힘**	poco hecho 뽀꼬 에초
사건	evento 에벤또	**살찐**	gordo♟ gorda♟ 고르도 / 고르다
사고	accidente 악씨덴떼	**삶음**	hervido 에르비도
사과	manzana 만싸나	**상관**	jefe 헤페ʳ
사과하다	disculpar 디쓰꿀빠르	**상관하다**	ocuparse 오꾸빠르쎄
사다	comprar 꼼쁘라르	**상상하다**	imaginar 이마히나르
사람	persona 뻬르쏘나	**상의하다**	discutir 디쓰꾸띠르
사랑스러운	cariñoso♟ cariñosa♟ 까리뇨소 / 까리뇨사	**상자**	caja 까하
사랑하다	amar 아마르	**상점**	tienda 띠엔다
사막	desierto 데씨에르또	**상태**	condición 꼰디씨온
사무실	oficina 오피ʳ씨나	**상황**	situación 씨뚜아씨온

새	pájaro 빠하로	설거지하다	lavar los platos 올라바르 을로쓰 쁠라또쓰
새로운	nuevo ♂ nueva ♀ 누에보 / 누에바	설명하다	explicar 엑쓰쁠리까르
색깔	color 꼴로르	설탕	azúcar 아쑤까르
샌드위치	sándwich 싼드위치	성공	éxito 엑씨또
샐러드	ensalada 엔쌀라다	성공하다	triunfar 뜨리운파르
생	vida 비다	성급한	impaciente 임빠씨엔떼
생각	idea 이데아	성실한	fiel 피엘
생각하다	pensar 뻰싸르	성장하다	crecer 끄레쎄르
생맥주	cerveza de barril 쎄르베싸 데 바르~일	세 번	tres veces 뜨레쓰 베쎄쓰
생산하다	producir 쁘로두씨르	세계	mundo 문도
생선	pescado 뻬쓰까도	세금	impuesto 임뿌에쓰또
생일	cumpleaños 꿈쁠레아뇨쓰	세다	contar 꼰따르
샤워하다	ducharse 두차르쎄	세탁물	ropa para lavar 르~오빠 빠라 올라바르
서다	estar de pie 에스따르 데 삐에	셔츠	camisa 까미싸
서둘러서	rápidamente 르~아삐다멘떼	소개하다	introducir 인뜨로두씨르
서비스	servicio 쎄르비씨오	소고기	ternera 떼르네라
서점	librería 을브레리아	소금	sal 쌀
서쪽	oeste 오에쓰떼	소녀	niña 니냐
선	línea 을네아	소년	niño 니뇨
선글라스	gafas de sol 가파쓰 데 쏠	소란스럽게	escandalosamente 에쓰깐달로싸멘떼
선량한	bueno ♂ buena ♀ 부에노 / 부에나	소리	sonido 쏘니도
선물	regalo 르~에갈로	소방관	bombero 봄베로
선생님	profesor ♂ profesora ♀ 쁘로페쏘르 / 쁘로페쏘라	소방서	estación de bomberos 에쓰따씨온 데 봄베로쓰
선택	elección 엘렉씨온	소설	novela 노벨라
선택하다	elegir 엘레히르	소스	salsa 쌀싸
선풍기	ventilador 벤띨라도르	소음	ruido 르~우이도
선호하다	preferir 쁘레페리르	소통	conversación 꼰베르싸씨온

소파	sofá 쏘파	숙제	deberes 데베레쓰
소홀하게	negligentemente 네글리헨떼멘떼	순간	momento 모멘또
속력	velocidad 벨로씨닫	숟가락	cuchara 꾸차라
속상한	molesto ♂ molesta ♀ 몰레쓰또 / 몰레쓰따	술	alcohol 알꼴
손	mano 마노	술집	bar 바르꼬
손가락	dedo 데도	숨겨진	escondido ♂ escondida ♀ 에쓰꼰디도 / 에쓰꼰디다
손가방	bolsa 볼싸	숨기다	esconder 에쓰꼰데르
손님	cliente 끌리엔떼	숫자	número 누메로
손수건	pañuelo 빠뉴엘로	숲	bosque 보쓰께
손수레	carro 까르~오	쉬다	descansar 데쓰깐싸르
손자	nieto 니에또	쉬운	simple 씸쁠레
손해	perdida 뻬르디다	쉽게	fácilmente 파「씰멘떼
쇼	espectáculo 에쓰뻭따꿀로	슈퍼마켓	supermercado 쑤뻬르메르까도
쇼핑	compras 꼼쁘라쓰	스몰 사이즈	pequeño ♂ pequeña ♀ 뻬께뇨 / 뻬께냐
쇼핑백	bolsas de la compra 볼싸쓰 데 라 꼼쁘라	스위치	interruptor 인떼르~웁또르
쇼핑센터	centro comercial 쎈뜨로 꼬메르씨알	스카프	bufanda 부판「다
수건	toalla 또아야	스테이크	filete 필「레떼
수도	capital 까삐딸	슬픈	triste 뜨리쓰떼
수박	sandía 싼디아	습관	hábito 아비또
수업	lección 을렉씨온	습한	húmedo ♂ húmeda ♀ 우메도 / 우메다
수영장	piscina 삐씨나	승객	pasajero 빠싸헤로
수요일	miércoles 미에르꼴레쓰	시 poem	poema 뽀에마
수준	nivel 니벨	시 time	hora 오라
수줍어하는	tímido ♂ tímida ♀ 띠미도 / 띠미다	시간	tiempo 띠엠뽀
수치심	vergüenza 베르구엔싸	시간표	horario 오라리오
수프	sopa 쏘빠	시계	reloj 르~엘로흐
수하물	equipaje 에끼빠헤	시골	campo 깜뽀

시끄러운	ruidoso & ruidosa & 르~우이도쏘 / 르~우이도싸	싱글 침대	cama individual 까마 인디비두알
시나몬 파우더	canela en polvo 까넬라 엔 뽈보	싸우다	pelear 뻴레아르
시도하다	intentar 인뗀따르	싸움	pelea 뻴레아
시럽	jarabe 하라베	쌀	arroz 아르~오쓰
시원한	fresco & fresca & 프레쓰꼬 / 프레쓰까	쓰다 write	escribir 에쓰끄리비르
시작	comienzo 꼬미엔쏘	쓰다 use	gastar 가쓰따르
시작하다	comenzar 꼬멘싸르	쓴맛의	amargo & amarga & 아마르고 / 아마르가
시장	mercado 메르까도	씻다	lavar 을라바르
시험	examen 엑싸멘	◯	
식당	restaurante 르~에쓰따우란떼	아기	bebé 베베
식사	comida 꼬미다	아끼다	ahorrar 아오르~아르
식초	vinagre 비나그레	아들	hijo 이호
신뢰하다	confiar 꼰피아르	아래로	abajo 아바호
신맛의	ácido & ácida & 아씨도 / 아씨다	아래층	piso de abajo 삐쏘 데 아바호
신문	periódico 뻬리오디꼬	아름다운	bello & bella & 베요 / 베야
신발	zapatos 싸빠또쓰	아마	quizás 끼싸쓰
신선한	fresco & fresca & 프레쓰꼬 / 프레쓰까	아마도	probablemente 쁘로바블레멘떼
신호	señal 쎄냘	아메리카노	café americano 까페 아메리까노
신호등	semáforo 쎄마포로	아무도	nadie 나디에
실내의	interior 인떼리오르	아무쪼록	por favor 뽀르 파보르
실수	error 에르	아보카도	aguacate 아구아까떼
실외의	exterior 엑쓰떼리오르	아빠	padre 빠드레
실제로	en realidad 엔 레알리닫	아이	niño & niña & 니뇨 / 니냐
실패	fracaso 프라까쏘	아이디어	idea 이데아
실패하다	fracasar 프라까싸르	아이스크림	helado 엘라도
심각한	serio & seria & 쎄리오 / 쎄리아	아주 멋진	maravilloso & maravillosa & 마라비요쏘 / 마라비요싸
심장	corazón 꼬라쏜	아주 작은	diminuto & diminuta & 디미누또 / 디미누따

아직	aún 아운	**약국**	farmacia 파르마씨아
아직껏	todavía 또다비아	**약속**	promesa 쁘로메싸
아침	mañana 마냐나	**약속하다**	prometer 쁘로메떼르
아침 식사	desayuno 데싸유노	**약한**	débil 데빌
아침에	por la mañana 뽀르 울라 마냐나	**약혼**	compromiso 꼼쁘로미쏘
아파트	apartamento 아빠르따멘또	**얇은**	fino ♂ fina ♀ 피노/피나
아픈	enfermo ♂ nferma ♀ 엔페르모/엔페르마	**양고기**	cordero 꼬르데로
악취	mal olor 말 올로르	**양말**	calcetines 깔쎄띠네쓰
안개	niebla 니에블라	**양파**	cebolla 쎄보야
안경	gafas 가파쓰	**어깨**	hombro 옴브로
안내 데스크	mesa de información 메싸 데 인포르마씨온	**어느 것**	cuál 꾸알
안내 책자	folleto 포예또	**어느 날**	un día 운 디아
안내원	conserje 꼰쎄르헤	**어두운**	oscuro ♂ oscura ♀ 오쓰꾸로/오쓰꾸라
안내자	guía 기아	**어디**	por todas partes 뽀르 또다쓰 빠르떼쓰
안에	dentro 덴뜨로	**어디든지**	dondequiera 돈데끼에라
안전하게	seguramente 쎄구라멘떼	**어떤**	cuál 꾸알
안전한	seguro ♂ segura ♀ 쎄구로/쎄구라	**어떻게**	cómo 꼬모
안쪽	interior 인떼리오르	**어려운**	duro ♂ dura ♀ 두로/두라
알다	saber 싸베르	**어른**	adulto 아둘또
알람	alarma 알라르마	**어리석은**	estúpido ♂ estúpida ♀ 에쓰뚜삐도/에쓰뚜삐다
앞	frente 프렌떼	**어제**	ayer 아예르
앞으로	delante 델란떼	**어쨌든**	de todos modos ♂ de todas formas ♀ 데 또도스 모도스/데 또다스 포르마쓰
앞치마	delantal 델란딸	**언어**	lengua 을렝구아
야구	béisbol 베이쓰볼	**언제**	cuándo 꾸안도
야채	vegetal 베헤딸	**언제든지**	cuando sea 꾸안도 쎄아
약	medicamento 메디까멘또	**언젠가**	algún día 알군 디아
약간의	alguno ♂ alguna ♀ 알구노/알구나	**얻다**	obtener 옵떼네르

얼굴	cara 까라	열다	abrir 아브리르
얼음	hielo 이엘로	열린	abierto ♟ abierta ♟ 아비에르또 / 아비에르따
엄마	madre 마드레	열쇠	llave 야베
엄청난	gran 그란	열차	tren 뜨렌
없음	inexistente 인엑시스뗀떼	영리하게	inteligentemente 인뗄리헨떼멘떼
에너지	energía 에네르히아	영리한	inteligente 인뗄리헨떼
에스컬레이터	escalera mecánica 에쓰깔레라 메까니까	영수증	recibo 레씨보
에스프레소	espresso 에쓰쁘레쏘	영원히	para siempre 빠라 씨엠쁘레
에어컨	aire acondicionado 아이레 아꼰디씨오나도	영화	película 뻴리꿀라
엘리베이터	ascensor 아쓰센쏘르	영화관	cine 씨네
여권	pasaporte 빠싸뽀르떼	옆	lado 을라도
여기	aquí 아끼	예	ejemplo 에헴쁠로
여러 번	muchas veces 무차쓰 베쎄쓰	예쁜	bonito ♟ bonita ♟ 보니또 / 보니따
여러분	ustedes 우스떼데스	예술	arte 아르떼
여름	verano 베라노	예약	reservación 르~에쎄르바씨온
여자	mujer 무헤르	예전에	antes 안떼쓰
여자 친구	novia 노비아	오늘	hoy 오이
여자 형제	hermana 에르마나	오다	venir 베니르
여행	viaje 비아헤	오래된	antiguo ♟ antigua ♟ 안띠구오 / 안띠구아
역사	historia 이쓰또리아	오렌지	naranja 나랑하
역할	papel 빠뻴	오류	error 에르~오르
연극	obra de teatro 오브라 데 떼아뜨로	오른쪽	derecha 데레차
연기	humo 우모	오리고기	pato 빠또
연락하다	contactar 꼰딱따르	오토바이	moto 모또
연습하다	ejercicio 에헤르씨씨오	오후	tarde 따르데
연인	amantes 아만떼쓰	오후에	por la tarde 뽀르 을라 따르데
연필	lápiz 을삐쓰	온도	temperatura 뗌뻬라뚜라

한국어	스페인어	한국어	스페인어
온화한	gentil 헨띨	용감하게	valientemente 발리엔떼멘떼
옳게	correctamente 꼬르~엑따멘떼	용감한	valiente 발리엔떼
옳은	correcto ♂ correcta ♀ 꼬르~엑또 / 꼬르~엑따	용서하다	perdonar 뻬르도나르
옵션	opción 옵씨온	우리	nosotros ♂ nosotras ♀ 노쏘뜨로쓰 / 노쏘뜨라쓰
옷	ropa ㄹ~오빠	우산	paraguas 빠라구아쓰
와사비	wasabi 와싸비	우스운	gracioso ♂ graciosa ♀ 그라씨오쏘 / 그라씨오싸
와이셔츠	camisa de vestir 까미싸 데 베쓰띠르	우유	leche ㄹ레체
와인	vino 비노	우주	edspacio 에쓰빠씨오
와플	gofre 고프ㄹ레	우체국	oficina de correos 오피ㄹ씨나 데 꼬르~에오쓰
완성하다	completar 꼼쁠레따르	우편	correo 꼬르~에오
완전한	completo ♂ completo ♀ 꼼쁠레따 / 꼼쁠레따	운 좋은	afortunado ♂ afortunada ♀ 아포ㄹ르뚜나도 / 아포ㄹ르뚜나다
완전히	completamente 꼼쁠레따멘떼	운전면허증	licencia de conducir 리쎈씨아 데 꼰두씨르
	totalmente 또딸멘떼	운전사	conductor 꼰둑또르
완전히 익힘	bien cocido 비엔 꼬씨도	운전하다	conducir 꼰두씨르
왕복 여행	ida y vuelta 이다 이 부엘따	울다	llorar 요라르
왜	por qué 뽀르께	움직이다	moverse 모베르쎄
왜냐하면	porque 뽀르께	웃다	reír ㄹ~에이르
외국의	extranjero ♂ extranjera ♀ 엑쓰뜨란헤로 / 엑쓰뜨란헤라	원래의	original 오리히날
외로운	solitario ♂ solitaria ♀ 쏠리따리오 / 쏠리따리아	원피스	vestido 베쓰띠도
외치다	gritar 그리따르	원하다	querer 께레르
왼쪽	izquierda 이쓰끼에르다	월	mes 메쓰
요금	tarifa 따리파ㄹ	월요일	lunes ㄹ루네쓰
요리하다	cocinar 꼬씨나르	위로	arriba 아르~이바
요점	punto 뿐또	위스키	whisky 위쓰끼
요청	petición 뻬띠씨온	위층	piso de arriba 삐쏘 데 아르~이바
욕실	baño 바뇨	위치	ubicación 우비까씨온
욕조	bañera 바녜라	위태롭게	peligrosamente 뻴리그로싸멘떼

한국어	스페인어	한국어	스페인어
위험한	peligroso ♟ peligrosa ♟ 뻴리그로쏘 / 뻴리그로싸	이동하다	moverse 모베르쎄
유감스러운	lamentable 을라멘따블레	이런	este ♟ esta ♟ 에스떼 / 에스따
유리한 점	ventaja 벤따하	이미	ya 야
유명한	famoso ♟ famosa ♟ 파ˈ모쏘 / 파ˈ모싸	이번 주에	esta semana 에쓰따 쎄마나
유익한	beneficioso 베네피ˈ씨오쏘	이번에	esta vez 에쓰따 베쓰
유일한	único ♟ única ♟ 우니꼬 / 우니까	이불	edredón 에드레돈
유자	yuzu 유주	이사 가다	mudarse 무다르쎄
유적지	lugar histórico 울루가르 이쓰또리꼬	이상한	extraño ♟ extraña ♟ 엑쓰뜨라뇨 / 엑쓰뜨라냐
유지하다	mantener 만떼네르	이야기	historia 이쓰또리아
유행	moda 모다	이야기하다	hablar 아블라르
육지	tierra 띠에르~아	이용할 수 있는	disponible 디쓰뽀니블레
은	plata 쁠라따	이웃	vecino 베씨노
은행	banco 방꼬	이유	razón 라쏜
음식	comida 꼬미다	이익	beneficio 베네피ˈ씨오
음악	música 무씨까	이전의	previo ♟ previa ♟ 쁘레비오 / 쁘레비아
의견	opinión 오삐니온	이쪽	acá 아까
의미	significado 씨그니피ˈ까도	이해하다	comprender 꼼쁘렌데르
의미하다	significar 씨그니피까르	이혼	divorcio 디보르씨오
의사	médico ♟ médica ♟ 메디꼬 / 메디까	인기 있는	popular 뽀뿔라르
의사소통	comunicación 꼬무니까씨온	인내심 있는	paciente 빠씨엔떼
의심하다	dudar 두다르	인도하다	guiar 기아르
의자	silla 씨야	인사	saludo 살루도
이것	esto ♟ esta ♟ 에쓰또 / 에쓰따	인터넷	internet 인떼르넷
이겨내다	superar 수뻬라르	일기	diario 디아리오
이기다	ganar 가나르	일반적으로	generalmente 헤네랄멘떼
이기적인	egoísta 에고이쓰따	일부	parte 빠르떼
이끌다	atraer 아뜨라에르	일어나다	despertarse 데쓰뻬르따르쎄

한국어	스페인어	한국어	스페인어
일요일	domingo 도밍고	작가	escritor♂ escritora♀ 에쓰끄리또르 / 에쓰끄리또라
일정	horario 오라리오	잘	bien 비엔
일찍	temprano♂ temprana♀ 뗌쁘라노 / 뗌쁘라나	잘 익힘	cocido 꼬씨도
일층	planta baja 쁠란따 바하	잘못	falta 팔ˈ따
일하다	trabajar 뜨라바하르	잘생긴	guapo♂ guapa♀ 구아뽀 / 구아빠
읽다	leer 을레에르	잠그다	cerrar 쎄르~아르
잃다	perder 뻬르데르	잠에서 깨다	despertarse 데쓰뻬르따르쎄
임대하다	alquilar 알낄라르	잠자다	dormir 도르미르
입	boca 보까	잡고 있다	agarrar 아가르~아르
입구	entrada 엔뜨라다	잡다	atrapar 아뜨라빠르
입다	vestir 베쓰띠르	잡지	revista 레비쓰따
입장권	entradas 엔뜨라다쓰	장갑	guantes 구안떼쓰
입장료	precio de la entrada 쁘레씨오 데 을라 엔뜨라다	장난감	juguete 후게떼
입장하다	entrar 엔뜨라르	장소	lugar 을가르
있다	estar 에스따르	장신구	joya 호야
잊다	olvidarse 올비다르쎄	재검토하다	revisar 르~에비싸르
ㅈ		재미있는	interesante 인떼레싼떼
자동차	coche 꼬체	재킷	chaqueta 차께따
자랑스러운	orgulloso♂ orgullosa♀ 오르구요쏘 / 오르구요싸	저	aquel♂ aquella♀ 아껠 / 아께야
자르다	cortar 꼬르따르	저것	
자몽	pomelo 뽀멜로	저기	allí 아이
자연스럽게	naturalmente 나뚜랄멘떼	저녁	tarde 따르데
자유	libertad 을베르딷	저녁 식사	cena 쎄나
자유로운	libre 을브레	저녁에	por la tarde 뽀르 을따르데
자유롭게	libremente 을리브레멘떼	저런	ese♂ esa♀ 에쎄 / 에싸
자전거	bicicleta 비씨끌레따	저분	esa persona 에싸 뻬르소나
자주	a menudo 아 메누도	저쪽	allí 아이

한국어	스페인어	한국어	스페인어
적은	poco ♂ poca ♀ 뽀꼬 / 뽀까	조금	menos 메노쓰
전기	electricidad 엘렉뜨리씨닫	조림	hervido 에르비도
전등	lámpara 을람빠라	조심스럽게	cuidadosamente 꾸이다도싸멘떼
전부	todo ♂ toda ♀ 또도 / 또다	조언	consejo 꼰쎄호
전쟁	guerra 게르~아	조용한	silencioso ♂ silenciosa ♀ 씰렌씨오쏘 / 씰렌씨오싸
전화	teléfono 뗄레포「노	조용히	silenciosamente 씰렌씨오싸멘떼
전화하다	llamar 야마르	조종	control 꼰뜨롤
절대	absolutamente 압쏠루따멘떼	존재하지 않는	inexistente 인엑시스뗀떼
젊은	joven 호벤	좁은	estrecho ♂ estrecha ♀ 에쓰뜨레초 / 에쓰뜨레차
점검하다	comprobar 꼼쁘로바르	종류	tipo 띠뽀
점수	puntuación 뿐뚜아씨온	종업원	camarero ♂ camarera ♀ 까마레로 / 까마레라
점심 식사	almuerzo 알무에르쏘	종이	papel 빠뻴
점심시간	hora del almuerzo 오라 델 알무에르쏘	좋아하는	favorito 파「보리또
접시	plato 쁠라또	좋아하다	gustar 구쓰따르
접촉	contacto 꼰딱또	좋은	bueno ♂ buena ♀ 부에노 / 부에나
젓가락	palillos 빨리요쓰	좌석	asiento 아씨엔또
정거장	estación 에쓰따씨온	주	semana 쎄마나
정보	información 인포「르마씨온	주다	dar 다르
정신	mente 멘떼	주로	principalmente 쁘린씨빨멘떼
정장	traje 뜨라헤	주말	fin de semana 핀「 데 쎄마나
정확하게	exactamente 엑싹따멘떼	주문	pedido 뻬디도
정확한	exacto ♂ exacta ♀ 엑싹또 / 엑싹따	주문하다	pedir 뻬디르
젖은	húmedo ♂ húmeda ♀ 우메도 / 우메다	주소	dirección 디렉씨온
제거하다	eliminar 엘리미나르	주스	zumo 쑤모
제공하다	servir 쎄르비르	주요한	principal 쁘린씨빨
제의	oferta 오페「르따	주유소	gasolinera 가쏠리네라
조각품	escultura 에쓰꿀뚜라	주의 깊은	cuidadoso ♂ cuidadosa ♀ 꾸이다도쏘 / 꾸이다도싸

주차	aparcamiento 아빠르까미엔또	지우개	goma 고마
주황색	anaranjado 아나랑하도	지지	apoyo 아뽀요
죽다	morir 모리르	지지하다	apoyar 아뽀야르
죽은	muerto ♟ muerta ♟ 무에르또 / 무에르따	지하	sótano 쏘따노
죽음	muerte 무에르떼	지하철	metro 메뜨로
죽이다	matar 마따르	지혜로운	sabio ♟ sabia ♟ 싸비오 / 싸비아
준비가 된	preparado ♟ preparada ♟ 쁘레빠라도 / 쁘레빠라다	직업	trabajo 뜨라바호
준비하다	preparar 쁘레빠라르	직접	directamente 디렉따멘떼
중간 정도 익힘	medio hecho 메디오 에초	직접적인	directo ♟ directa ♟ 디렉또 / 디렉따
중간의	mediano ♟ mediana ♟ 메디아노 / 메디아나	진실	verdad 베르닫
중요성	importancia 임뽀르딴씨아	진실로	verdaderamente 베르다데라멘떼
중요한	importante 임뽀르딴데	진지하게	seriamente 쎄리아멘떼
즉시	inmediatamente 인메디아따멘떼	진짜로	realmente 레알멘떼
즐거운	divertido ♟ divertida ♟ 디베르띠도 / 디베르띠다	진짜의	real ㄹ~에알
즐거움	diversión 디베르씨온	진짜인	verdadero ♟ verdadera ♟ 베르다데로 / 베르다데라
지갑	cartera 까르떼라	질병	enfermedad 엔페'르메닫
지금	ahora 아오라	짐칸	maletero 말레떼로
지난번에	la última vez 울라 울띠마 베쓰	집 house	casa 까싸
지난주에	la semana pasada 울라 쎄마나 빠싸다	집 home	hogar 오가르
지다	perder 뻬르데르	집게	pinza 삔싸
지도	mapa 마빠	집안의	doméstico ♟ doméstica ♟ 도메쓰띠꼬 / 도메쓰띠까
지도자	líder 울데르	집중하다	concentrarse 꼰쎈뜨라르쎄
지루한	aburrido ♟ aburrida ♟ 아부르~이도 / 아부르~이다	짠맛의	salado ♟ salada ♟ 쌀라도 / 쌀라다
지름길	atajo 아따호	짧은	corto ♟ corta ♟ 꼬르또 / 꼬르따
지불하다	pagar 빠가르	찍다	sacar 사까르
지붕	tejado 떼하도	찜	al vapor 알 바뽀르
지시	orden 오르덴	**ㅊ**	

한국어	스페인어	한국어	스페인어
차다	patear 빠떼아르	초록색	verde 베르데
차이	diferencia 디페'렌씨아	초콜릿	chocolate 초꼴라떼
창가석	asiento de ventana 아씨엔또 데 벤따나	최근에	recientemente 르~에씨엔떼멘떼
창문	ventana 벤따나	최초의	primero 쁘리메로
창조적으로	creativamente 끄레아띠바멘떼	추가 요금	gasto adicional 가쓰또 아디씨오날
창조적인	creativo ♂ creativa ♀ 끄레아띠보 / 끄레아띠바	추가의	extra 엑쓰뜨라
찾다	encontrarse 엔꼰뜨라르쎄	추운	frío ♂ fría ♀ 프'리오 / 프'리아
채우다	llenar 예나르	추천하다	recomendar 레꼬멘다르
책	libro 을리브로	추측하다	adivinar 아디비나르
책상	escritorio 에쓰끄리또리오	축구	fútbol 풋'볼
처음에는	al principio 알 쁘린씨삐오	축제	festival 페'쓰띠발
처음으로	por primera vez 뽀르 쁘리메라 베쓰	출구	salida 쌀리다
천장	techo 떼초	출발	
천재	genio 헤니오	춤	danza 단싸
철야	toda la noche 또다 을라 노체	충격적인	impactante 임빡딴떼
청구서	factura 팍'뚜라	충돌	colisión 꼴리씨온
청구하다	cobrar 꼬브라르	충분한	suficiente 쑤피'씨엔떼
청바지	vaqueros 바께로쓰	취미	pasatiempo 빠싸띠엠뽀
청소하다	limpiar 을림삐아르	층	piso 삐쏘
체리	cereza 쎄레싸	치료	tratamiento 뜨라따미엔또
체육관	gimnasio 힘나씨오	치마	falda 팔'다
체중	peso 뻬쏘	치아	diente 디엔떼
체크 아웃	entrega de habitación 엔뜨레가 데 아비따씨온	치즈	queso 께쏘
체크인하다	registrarse 르~에히쓰뜨라르쎄	친구	amigo ♂ amiga ♀ 아미고 / 아미가
초	segundo 쎄군도	친절한	amable 아마블레
초대	invitación 인비따씨온	칠리소스	salsa de chile 쌀싸 데 칠레
초대하다	invitar 인비따르	침대	cama 까마

침대 커버	colcha 꼴차	큰	grande 그란데
침실	habitación 아비따씨온	큰 소리로	ruidosamente ㄹ~우이도싸멘떼
ㅋ		큰길	avenida 아베니다
카드	tarjeta 따르헤따	클럽	discoteca 디쓰꼬떼까
카테고리	categoría 까떼고리아	키가 작은	bajo♂ baja♀ 바호 / 바하
카페	café 까페ᶠ	키가 큰	alto♂ alta♀ 알또 / 알따
카페 라테	café con leche 까페ᶠ 꼰 올레체	키스하다	besar 베싸르
카페모카	café moca 까페ᶠ 모까	키위	kiwi 끼위
카펫	alfombra 알폼ᶠ브라	**ㅌ**	
카푸치노	cappuccino 까뿌치노	타다	montar 몬따르
칵테일	cóctel 꼭뗄	타르타르 소스	salsa tártara 쌀싸 따르따라
칼	cuchillo 꾸치요	탁자	mesa 메싸
캐리어 가방	maleta 말레따	탑	torre 또르~에
커튼	cortina 꼬르띠나	태양	sol 쏠
커플	pareja 빠레하	택시	taxi 딱씨
커피	café 까페ᶠ	텅 빈	vacío♂ vacía♀ 바씨오 / 바씨아
컴퓨터	ordenador 오르데나도르	테니스	tenis 떼니쓰
컵	vaso 바쏘	테킬라	tequila 떼낄라
케이크	tarta 따르따	텍스트	texto 떽쓰또
케첩	salsa de tomate 쌀싸 데 또마떼	텔레비전	televisión 뗄레비씨온
켜다	encender 엔쎈데르	토마토	tomate 또마떼
코	nariz 나리쓰	토스트	tostada 또쓰따다
코코넛	coco 꼬꼬	토요일	sábado 싸바도
코트	abrigo 아브리고	통과하다	pasar 빠싸르
콜라	cola 꼴라	튀김	frito 프ᶠ리또
콩	legumbre 을레굼브레	트윈 침대	cama doble 까마 도블레
크기	talla 따야	특별한	especial 에쓰뻬씨알

특히	particularmente 빠르띠꿀라르멘떼		**표본**	muestra 무에쓰뜨라
틀린	incorrecto♂ incorrecta♀ 인꼬르~엑또 / 인꼬르~엑따		**표시**	marca 마르까
틈	brecha 브레차		**푸딩**	flan 플'란
티셔츠	camiseta 까미쎄따		**품목**	artículo 아르띠꿀로
팀	equipo 에끼뽀		**프런트데스크**	recepción ㄹ~에쎕씨온
ㅍ			**피**	sangre 쌍그레
파란색	azul 아쑬		**피곤한**	cansado♂ cansada♀ 깐싸도 / 깐싸다
파스타	pasta 빠쓰따		**피자**	pizza 삣싸
파인애플	piña 삐냐		**피해**	daño 다뇨
파일	archivo 아르치보		**필름**	película 뻴리꿀라
파트너	pareja 빠레하		**필요 없는**	innecesario♂ innecesaria♀ 인네쎄싸리오 / 인네쎄싸리아
파티	fiesta 피'에쓰따		**필요로 하다**	requerir ㄹ~에께리르
파파야	papaya 빠빠야		**필요하다**	necesitar 네쎄씨따르
판단하다	juzgar 후쓰가르		**필요한**	necesario♂ necesaria♀ 네쎄싸리오 / 네쎄싸리아
판매	venta 벤따		**ㅎ**	
팔	brazo 브라쏘		**하는 동안**	mientras 미엔뜨라쓰
팔다	vender 벤데르		**하늘**	cielo 씨엘로
팔찌	pulsera 뿔쎄라		**하다**	hacer 아쎄르
패션	moda 모다		**하루**	día 디아
패스트푸드	comida rápida 꼬미다 라삐다		**학교**	colegio 꼴레히오
페이지	página 빠히나		**학생**	estudiante 에쓰뚜디안떼
편지	carta 까르따		**한 번**	una vez 우나 베쓰
편한	cómodo♂ cómoda♀ 꼬모도 / 꼬모다		**한가한**	libre 울브레
포도	uva 우바		**할머니**	abuela 아부엘라
포크	tenedor 떼네도르		**할아버지**	abuelo 아부엘로
포함하다	incluir 인끌루이르		**할인**	descuento 데쓰꾸엔또
표	entradas 엔뜨라다쓰		**함께**	junto 훈또

합계	total 또딸	혼합	mezcla 메쓰끌라
합류하다	unir 우니르쎄	화나다	enfadarse 엔「파다르쎄
합법적인	legal 을레갈	화산	volcán 볼깐
핫초코	chocolate caliente 초꼴라떼 깔리엔떼	화요일	martes 마르떼쓰
항상	siempre 씨엠쁘레	화이트와인	vino blanco 비노 블랑꼬
해 year	año 아뇨	화장실	baño 바뇨
해결책	solución 쏠루씨온	화장지	papel higiénico 빠뻴 이히에니꼬
해변	playa 쁠라야	화장품	maquillaje 마끼야헤
햄버거	hamburguesa 암부르게싸	화창한	soleado ♂ soleada ♀ 쏠레아도 / 쏠레아다
행동	comportamiento 꼼뽀르따미엔또	화해하다	reconciliar 레꼰씰리아르
행동을 취하다	actuar 악뚜아르	확실하게	seguramente 쎄구라멘떼
행복하게	felizmente 펠「리쓰멘떼	확실한	seguro ♂ segura ♀ 쎄구로 / 쎄구라
행운	suerte 쑤에르떼	확인하다	confirmar 꼰피「르마르
향기	aroma 아로마	환경	ambiente 암비엔떼
향수	perfume 뻬르푸「메	환불하다	reembolsar 르~에엠볼싸르
허리	cintura 씬뚜라	환율	tasa de cambio 따싸 데 깜비오
허비하다	desperdiciar 데쓰뻬르디씨아르	환자	paciente 빠씨엔떼
헤어지다	separarse 쎄빠라르쎄	활동	actividad 악띠비닫
헤엄치다	nadar 나다르	회복하다	recuperar 르~에꾸뻬라르
현금	efectivo 에펙「띠보	회사	empresa 엠쁘레싸
현명하게	sabiamente 싸비아멘떼	회색	gris 그리쓰
현재	presente 쁘레센떼	회의	reunión 레우니온
협상하다	negociar 네고씨아르	효과적인	eficaz 에피「까쓰
호수	lago 을라고	후추	pimienta 삐미엔따
호의	favor 파「보르	후회하다	arrepentirse 아르~에뻰띠르쎄
호텔	hotel 오뗄	훈련	entrenamiento 엔뜨레나미엔또
혼자	solo ♂ sola ♀ 쏠로 / 쏠라	훌륭한	excelente 엑쎌렌떼

훔치다	robar ㄹ~오바르
휘핑크림	nata 나따
휴가	vacaciones 바까씨오네쓰
휴대폰	teléfono móvil 뗄레포'노 모빌
휴식	descanso 데쓰깐쏘
휴일	día festivo 디아 페'쓰띠보
흐린	nublado ♂ nublada ♀ 누블라도 / 누블라다
흔한	común 꼬문
흥분한	excitado ♂ excitada ♀ 엑씨따도 / 엑씨따다
희망	esperanza 에쓰뻬란싸
흰색	blanco 블랑꼬
힘	poder 뽀데르
힘 센	poderoso ♂ poderosa ♀ 뽀데로쏘 / 뽀데로싸

1등 스페인어 단어장

1판 1쇄 2024년 1월 1일

저   자 Mr. Sun 어학연구소
펴 낸 곳 OLD STAIRS
출판 등록 2008년 1월 10일 제313-2010-284호
이 메 일 oldstairs@daum.net

가격은 뒷면 표지 참조
ISBN 979-11-7079-014-3(13770)

공통안전기준 표시사항

· **품명** : 도서   · **재질** : 지류
· **제조자명** : Oldstairs   · **제조국명** : 대한민국
· **제조연월** : 2024년 1월
· **주소** : 서울특별시 마포구 양화로12길 24, 4층
· **KC인증유형** : 공급자적합성확인

KC마크는 이 제품이 공통안전기준에 적합하였음을 의미합니다.
책 모서리에 찍히거나 책장에 베이지 않게 조심하세요.